U0463133

我所锲而不舍的

如数十年来所治之精神哲学

通常说精神哲学，总是与物质科学对举；但从纯粹精神哲学立场说，不是精神与物质为二元；而是精神将物质包举，以成其一元之多元。

主旨是探讨宇宙和人生的真理，搜求至一切知识和学术的根源，其主体甚且超出思智以上。

那么，可谓凡哲学皆摄，即一切哲学之哲学，它立于各个文明系统之极顶。

其盛、衰、起、伏，实与各国家、民族之盛、衰、起、伏息息相关。

徐梵澄

徐梵澄 | 著译选集

玄理参同

徐梵澄 著

长江出版传媒
崇文书局

图书在版编目（CIP）数据

玄理参同 / 徐梵澄著 .
—武汉：崇文书局，2017.8
（徐梵澄著译选集）
ISBN 978-7-5403-4531-0
Ⅰ. ①玄…
Ⅱ. ①徐…
Ⅲ. ①哲学理论－印度－近代
Ⅳ. ① B351.4

中国版本图书馆 CIP 数据核字（2017）第 136539 号

玄理参同

出版发行　长江出版传媒｜崇文书局
地　　址　武汉市雄楚大街 268 号 C 座 11 层
电　　话　(027)87293001　邮政编码　430070
印　　刷　湖北恒泰印务有限公司
开　　本　880mm×1092mm　1/32
印　　张　7.75
插　　页　4
字　　数　140 千字
版　　次　2017 年 8 月第 1 版
印　　次　2017 年 8 月第 1 次印刷
印　　数　1-6500 册
定　　价　56.00 元

1973年印度出版的《玄理参同》

徐梵澄与冯至在海德堡大学

徐梵澄与贺麟

梵澄在桂林（1985年7月）

写在前面的话

徐梵澄先生（1909-2000）之作品，《尼采自传》《薄伽梵歌》《玄理参同》和《陆王学述》，分别完成于20世纪30年代初、50年代初、70年代初和90年代初。四书依次相间几20年，宛若一枚枚内耀的宝珠，串系在他颇具传奇色彩的生涯之上，传映着他从青少年时期的出发、到中壮年时期的行远、再到耄老年时期的回还之精神轨迹。其尝言："梵澄无似，少学外文，长治西学，自华夏视之，异学之徒也。其居域外盖三十有七年，居域外不能无故国之思，所撰孔学、小学及中土所传唯识之学，出以西文者，自欧西视之，又皆异学也。"（《异学杂著·序》）其实，所谓"异"者，不同而已，"皆各自有立而自是其是者也"，要之各自应"臻至极诣"，从而求会通、究统同，因为"宇宙间物理之真是一，而宇宙间精神之真亦一"。（《玄理参同》）纵观梵澄之一生，就是这么一位寻求“神圣之泉”的先行者。

何以要翻译尼采？因其恩师鲁迅之嘱托。鲁迅又何以对尼采情有独钟？因尼采鼓吹大力，神往“超人”，此正合鲁迅“立人”“改造国民性”的精神理想。二人原则不异，皆是把个体视为基础单位，因为离开了个体，便谈不上集体。这价值设思是：挺立个人之“自我”，实现“大群”之自救。如其在《破恶声论》中所言：“盖惟声发自心，朕归于我，而人始有己；人各有己，而群之大觉近矣。”老年梵澄曾谈及尼采思想，说其“出自一个精神渊源，高出普通智识水平一头地。——这‘精神’姑可谓双摄其理智与情感。——然也不算高极，绝不是如其自己所云：怎样一足离开了地球，在‘人类和时代以外六千尺’。”（《苏鲁支语录·缀言》）也如他年轻时说到读尼采之书，“正如在旅行的长途中偶尔发现一两片小标志，指示前人曾此经过，则当更有勇力前行，而且突过以往的限度。”（《人间的，太人间的·节译序》）持论一贯，态度平恕。而此论断又与阿罗频多之评价若合符契，阿氏称尼采是一个“半盲的见士”，因为尼采说“上帝是死掉了”，这么他便失却了形上之“有”，也即人类终极性的精神家园，沦落为一个“我只得走，我还是走好吧……”的孤魂野鬼。他本人似乎在困惑中有所颖悟，因为他在一瞬间把目光转向了印度，“‘还有着许多未曾炫耀的朝霞呵！’这印度语句写在此书之始。其发端者从何处能寻到那清新的朝晨，那至今还未发现的温柔的朱红，展开着一日。”(《尼采自传》)

尼采的精神运动只行进在半途。何以不为全程？盖因其迷失了目的论的指归。“目的论”者何？“希圣希天”并与之“结合”之境，而那境界端的是“上帝对人之道”。诚如阿罗频多所言：“在斯世所影像者，在彼处可得；在此世为不完善者，在彼处圆成。”(《由谁书》)而“五天竺之学，有由人而圣而希天者乎？有之，《薄伽梵歌》是已。——世间，一人也；古今，一理也，至道又奚其二？江汉朝宗与海，人类进化必有所诣，九流百家必有所归，奚其归？曰：归至道！如何诣？曰：内觉！”(《薄伽梵歌·译者序》)“道”曰“上帝”曰“大梵”曰“太极”，“内觉”则为“心灵”与“性灵”的提撕。而梵澄为何首译《薄伽梵歌》？盖因其地位犹如基督教之新、旧约《圣经》和伊斯兰教之

《古兰经》,实乃其民族之大经大法也。他说:"间尝闻其当代领袖，竟以此一歌而发扬独立运动，士以此蹈白刃，赴汤火，受鞭朴，甘荼毒而不辞，卒以获其国之自由。"(同上)"圣雄"甘地将《薄伽梵歌》当作"至宝",视为"母亲"。阿罗频多则以《薄伽梵歌》为经，以诸《奥义书》为纬。"经"者精神，"纬"者知识，精神乃实践之事,而实践学与目的论,一体两面。久矣!印度民族受其"空论"(佛教)与"幻论"(商羯罗)的影响,垂二千余年,其生命力被侵蚀,其创造力被消弱，阿罗频多欲挽沉滞，欲苏国运，故扬举《薄伽梵歌》之"行业"胜义，教示其人民：以工作实践化除私我，以瑜伽精神有为尘世。他坚信:"对一个伟大过去的认识意味着对一个伟大未来的希望。在经过火的洗礼之后，一只新生的凤凰将从它前身的灰烬中腾空而起，它甚至比过去更加美丽。印度次大陆的伟大希望就在于此。"(《唯识菁华·序》)

阿罗频多尝言他有五个梦想：印度之统一，亚洲之复兴，世界之联合，印度之精神贡献于世界，然后人类全般转化而从此上登。他说："印度向世界的精神贡献已经开始了。在现代患难中，多而更多含有希望的眼光皆转向她。甚且不但增上皈依她的教义，也引用她的心灵和精神的实习。”(《周天集·续集》)这就是精神哲学的力量。而精神哲学是探讨宇宙和人生的真理，它搜求一切知识和学术的根源，其主体甚且超乎思智以上，“可谓凡哲学皆摄，即一切哲学之哲学，它立于各个文明系统之极顶。其盛、衰、起、伏，实与各国家、民族之盛、衰、起、伏息息相关。”(《玄理参同·译者序》)于是，梵澄借疏释室利阿罗频多的《赫拉克利特》，将古代中、西、印三大文明予以比勘和会通；那古典世界群星闪耀，其精神之光传映到我们的当下并投射到将来。梵澄曰：“总之，此后我们不继续接受西方文化则已，若仍有任何采纳，则回溯到希腊源头，是第一要义。这里，正可建造东西方文化之桥梁。”(《希腊古典重温》)“然而或幸或不幸，在中国未尝有希腊似的哲学发展，也没有印度似的精神哲学，亦复没有西洋的宗教……但整个中国文化是另开一面。”(《玄理参同》)于是乎梵澄立足于自己的文化本位，朗朗明示：“论博大为万世法，终无过于孔子。”(《薄伽梵歌论》)

何以孔子之“仁”说可为“万世法”？盖因其本体论与宇宙论皆摄，而本体亦主体。这

“仁”便是其“核心”或“根柢”，通常称之曰心灵或性灵。就人生而言，“它虽觉似是抽象，然是一真实体，在形而上学中，应当说精神是超乎宇宙为至上为不可思议又在宇宙内为最基本而可证会的一存在。研究这主体之学，方称精神哲学。这一核心，是万善万德具备的，譬如千丈大树，其发端出生，只是一极微细的种子，核心中之一基因 (gene)，果壳中之仁。孔子千言万语解说人道中之‘仁’，原亦取义于此。”(《陆王学述》) 这一宗学问是身、心、性、命之学，其主旨是“变化气质”，其目的是“终期转化社会与人生”。此学在宋明儒家则阐发至极，如阳明之千言万语的教诫，由博返约，只云“去私欲，存天理”。何等简单，何等积极！这难道与《薄伽梵歌》之婆罗多战场有什么不同吗？克释拏 (Krsna) 鼓舞神射手阿琼那 (Aruna) ——“起，起，克敌！”阿琼那遂摒弃私我之念，奋勇赴战。梵澄谆谆告之，我族有幸，传统学术之根从未外移，自近代以来它虽屡遭挫折，但其强有力的潜流还是注入到了现代社会，只是今人多未以为然罢了。从内学这一维度观之，整个世界虽“进步急，中国未遽强；冷战终，人性未必改”（同上），然奚其强？如何改？由外转内也，重温古典也。我们来看宋明真儒，哪一个不是顶天立地的英雄，他们“皆是先有所得于心，见道真切，有一种独立自主的精神，不依傍他人”。而“圣言量已不是这宗学术的权威，要从自己心上考验过。真是龙腾虎跃！”（《陆王学述》）“龙腾虎跃”，这话头犹如号角振起，凌厉激越——依此可窥梵澄虽老迈，然其意气还是那么的英锐！

示寂之前的梵澄，为我们留下了最后的一语——“儒家真好！中国文化真好！”他确信，我们自家的宝什，可以陶铸当世、导扬后来！其实，这是他们那一代人的共同心曲，即便是个人漂泊到了天涯海角，最后还是要归还故里的，因其终点，亦是其起点。超上地说：“精神的进步，是螺旋式地上升，譬如一蛇盘旋，首终衔其尾。要之，这是中国知识分子的命运，即使充满无尽的艰辛与悲怆！”（《徐梵澄集·编者的话》）

拉杂数语，忝列在前，不成敬意，读者自鉴。

孙波写于丁酉谷雨后八日

2017年4月28日

目　录

《玄理参同》序

这一本小书，原名《赫那克莱妥斯》(*Heraclitus*)，一位古希腊哲人之名。撰者室利阿罗频多，以印度的精神哲学眼光，察看这一宗哲学而加以申论，即以其人名名书。在华文若亦以此名翻音为题，一般读者必不知所谓。译之而附以《疏释》内容而擅改书名曰《玄理参同》。以谓精神哲学之理可简称“玄理”，而参考和参会三派学说之相同曰“参同”。

世界古代五大文明系统今余其三；三者各自有深厚底精神哲学。——通常说精神哲学，总是与物质科学对举；但从纯粹精神哲学立场说，不是精神与物质为二元；而是精神将物质包举，以成其一元之多元。主旨是探讨宇宙和人生的真理，搜求至一切知识和学术的根源，其主体甚且超出思智以上。那么，可谓凡哲学皆摄，即一切哲学之哲学，它立于各个文明系统之极顶。其盛、衰、起、伏，实与各国家、民族之盛、衰、起、伏息息相关。

不幸，希腊学术早已不在希腊本土了。约略自公元六世纪新柏拉图派解散以后，人物无闻，语文亦变。欲追溯古雅典哲学的黄金时代之端绪，只合乞灵于近代西洋。到近代西洋于希腊古典的研究，颇臻极致了，几乎可将那古典世界之本来面目，传映到眼前。

印度这一系统，亦久已式微。梵文原是第一族姓的语文，却早已失去了创造的活力。其在印度诸语文中的地位，略逊于拉丁之于西方语文。经欧西近二三百年来之搜讨，其所可出者，大抵皆已表现于世，又当先求之于西洋。非但外国学者循此已开辟之途径，即其本土学者，亦首西路而求故家，至今仍皇皇然于国外各处寻求其贝叶。循西洋途径似乎落入第二义，然事半功倍。而印度学术在世界之影响，远不可与希腊的同年而语；因为近世科学，早已在希腊开其端绪，迤逦经晦塞的中世纪而至于今世之发扬光大，气脉仍是一贯相承。例如原子、电子等研究，竟可回溯到其早期哲学之“物生论”(Hylozoism)，探求一宇宙本质者；如赫那克莱妥斯，于此亦有其假定。印度佛法在古代盛行过一时期，但自公元七世纪中叶后即已衰敝，于今当外转而求之于中国。其流传至今的韦檀多学，如这《疏释》中所举少数论师维持了传承。直到现代方经此书撰者室利阿罗频多加以发扬；然室利阿罗频多不是宗教领袖，他是综合自韦陀以下之精神哲学而集其大成者，超出了韦檀多学的范围，度越前古。

这两大系统中种种哲学，在撰者是详熟的，因其自幼留学英伦，深研希腊古典，其后还治本土哲学，亦似巨细靡遗。唯于中国这一系统因语文之隔未尝详知，其度事义之数亦不甚相远。中国文明自古，学术文化自有其特色，恒久不已，重心未尝外移，其种种优胜处不必我们自加扬诩了。以三者而比勘，思惟，值得我们警惕、振起。学术生命实与民族生命同其盛衰，互为因果。器非求旧，惟新，学术则无论新、旧，唯求其是。科学不必说，任何旧理论，新发明，实证即是，无时、空之碍限，因为物质真理是一。精神真理本身亦无新、旧可言，说其是一，则有待于哲学上的比勘会通了。其间地域、时代、语文、体系之殊异，往往成为障隔，乃大费参稽；何况其所凭藉不徒在于思智和推理，则更有待于创通，互证。但无妨假定其有会通之可能，因为这真理原是由内中修为省悟而得；可说凡人自知或不自知，皆多多少少生活于此真理中，而人人皆禀赋有此灵、此心、此性、此情、此体、此气，中西古今不异，则可谓只有所见之方面和所表之形式不同而已。

固然，精神哲学属于内学，内学首重证悟。悟入精神真理的某一方面，往往为思智、语文之所不及。然这早已成为常识，以内、外对言，内、外不可偏废，即其所证所悟仍当讲明，有可表现，非可遽弃语文、思智。事实应当是一内、外交修之局。春秋时闵子马论周之将乱及原氏之将亡，以其时盛倡“无学”之说，或者正蹈此弊。以情理度之，当时公卿大夫不应那么愚蠢。或者当时对累世不能穷之礼学起了反动，另一方面已有类似“不言之教”“绝学无忧”“明白四达能无知乎”之说起，实有人得了证悟，如韦檀多学及佛法之“无学果”，知之亦无余事当知。由是一切推翻，舍弃了世法，自然结果是“下陵上替”。由此或可见到一偏之弊了。——求之于外自当广开门户，容纳他山，然后可以别异观同，挈长度短，进达其所未至，增益其所不能，恰是此三系统特色判然，各自有其原始性和独到处，乃使此勘增其意义，参会更有价值了。

虽然，此勘会通，谈何容易？必如此书之论说，当世亦复难求。撰者非有意为文，亦非专事述学，主旨在阐明精神真理。而其文有如天马行空，若析其理路，亦丝丝入扣，半字不易。篇幅虽小，不碍其为巨制。可谓一非常之文，近代英语著作中颇罕有其比。但内容不易为一般读者所了解，除非是专治哲学的人；不然，则当挽下两整个古典世界的文化背景配上去。

请先就翻译说：这仍是义理之文，译时自求其精密，美妙，明白，圆到。虽在另一文字里，意在于还他一个本来面目。“信，达，雅”三字，昔严几道树为翻译工作的指南。西学入华之初期，固应悬此为圭臬。近世观感已颇改变了：因为不“信”则不成其为翻译，是伪制；“达”则犹觉有间隔，距离；“雅”则属于辞气，形式，而出自译者，是外加，原作可能是“雅”或“不雅”。然则仅从本文着想，而出之能精、妙、明、圆，不算是苛求了。是否在此译中这皆已作到呢？读者谅不乏深知此工作之甘苦的人，心中自有定评，甚有待于高明之教正。

其次，请略说此疏释。这既是一非常之

文，自不能附以寻常之疏——寻常作疏释，分汇、别目，科判、列表，图解、发题，从“序品第一”起，唯恐其不详尽，如释氏之义学，导源于汉人之注经，用力不少，为碍亦多。甚或增加滞晦，有损原作风裁。驯至疏释者漫骋词锋，务为奇奥，以艰深文鄙陋，敝心力于蹇浅，误己误人，为害不小。虽然，论古不嫌其恕，那皆由其时代风气使然，今人于往者自不必深咎，总归是不从而取法了。——这书的主旨既自有所在，非徒述学，其所提到的学理和故实等，多仅说出了一名词，倘学者未有古典知识根基，或觉其结构有如华严楼阁，从半空而起。那么，颇待解释。要全部配上两大古典世界的文化背景，自不可能，只合择要点提供参考。而赫那克莱妥斯是西方言变易哲学的第一人，恰好我国有最古一部著作《易经》，屹然犹在，许多处所正可互相比勘。更推下至老、庄哲学，亦可发现若干同、似之处，宜于参会而观。今若舍此不提，学林必引为缺憾，深觉其可惜。当代多明通博达之士——即译者所知亦大有其人；而且，就最近出版物看来，一般学术水准，较二三十年前高的多了——然亦可假定知其一者未必知其二，知其二者未必知其三。然则此书之《疏释》有其必要，无妨参会三派学理之相同，只不可过于贡拙。

虽然，以言三者之比勘会通，这工作是留待读者自己作的。比勘以观其异，则重分析，分析不厌其详；会通以见其同，则重综合，综合不妨其略。综合不是强将多个事物聚置一处，或颟然成一大笼统而为混沌，而是宜成一和谐底有机底整体。今疏导和解释诸理而一一为说，需要多少文字！只合择要。若不明加辨析，岂不成为混沌？徒然辨析而不提出一二例证，岂不失之空疏？又贵在折衷。因此简述学派，提挈纲领，多是引出一些端绪，使学人可从之更往深求。亦稍搜故实，增入一点历史趣味，使不致过于枯燥。其徵引老、庄，原是读者自家的宝物，或可感觉亲切，易于得个入处。要之，一小册子而三大体系精神思想之宏纲具在，可以袖珍，乃此作原意。——或者文字犹嫌稍繁，亦是一失。究竟读者可随意拣择。是亦犹如撷集几束花草，庄严一尊精神真理的造像，使其姿态愈生动，愈高华。花草可弃，造像无改。虽未必与原作全融，相得益彰，形成一有机底整体，尚不至于龃龉而不相中。总之是于此一非常之文附加一非常之疏。——这《疏释》亦曰非常，谓其异于寻常而已，则无好、坏之可言。

如是，读者能说参考资料虽或已择要提供，而看不到疏释者自己的意见，颇属憾事，多见牒述，皆有案无断，仍难说上会通。不但此也，即赫那克莱妥斯的一百二十余则简言，亦未全部译出，更为缺陷。——这是歉然的。限于体列，疏释不是疏释者所当发议论的地方；附有某些理念，仍采自室利阿罗频多的其他著作。自知学识浅陋，实未敢于三大系统之哲学作何轩轾，妄加优劣之评，仅有叙述，各个显表其特色而已。若求全读此希腊哲人之简言，又有待于学者之自力了。近代各西方语文的译本正自有在，亦可逐字逐句翻译，各凭自己的见解分汇、别目，加以导扬。然那不是译此一著作之主要工事，只合将其所称引者译出，然亦犹附带译出若干则以供参考。未尝罄举，留有大多空白任学者填补，独往而深造自得，且可更优游于玄理之域中了。

末了，请于此更赘一言：现代人士盛言世界大同，理想实为高远。然求世界大同，必先有学术之会通；学术之会通，在于义理之互证。在义理上既得契合，在思想上乃可和谐。不妨其为异，不碍其为同，万类攸归，“多”通于

“一”。然后此等现实界的理想，如种种国际性的联合组织或统一组织，方可冀其渐次实现。那非可一蹴而至，但无论道路多么悠远，希望多么渺茫，舍从此基地前进，亦别无其他途径可循。然则此书虽小，意旨亦远。

一九七三年七月序于南天竺

一

希腊人的哲学和思想，或许是世界上至今所有在智识上最有刺激性，最富于明朗性的结果的。印度哲学，在其萌蘖期原属直观，却能刺激起对事物的深沉视见——较之《韦陀》与《韦檀多》的诗颂 (mantra)，即神圣而且出自灵感的语言，如人类所曾经怀有的，无有逾其崇高与深奥者，无有逾其能启示高度和深度，无有逾其雄强而擅能开辟无尽底视景者。时当那哲学智识化了，变到精确了，建立在人类理智上了，则也变到严格合乎逻辑，爱好固定性和体系，势欲成一种思想的几何学。古希腊脑经，却有一种流动底精密性，有一种有伸缩性的研究逻辑；其主要性格是智识的敏锐与精明眼光，于是由其中这一权能，它决定了后代欧洲思想的整个性格和原野。也没有任何希腊思想家，比这作简语的哲人赫那克莱妥斯更能直接刺激人；而他在这较近代的智识刺激性上，保持了也加添了一点古代“神秘者”(Mystics) 的古老的心灵底和直觉底视见和语言。对理性主义的倾向是有了，但还没有那推理心思的流动底明朗性，即“智论师”(Sophists) 的创作。

疏释

初段室利阿罗频多以希腊和印度的哲学相提并论。

在华文，这区分是容易作的：一为哲学，一为玄学。但在西方，philosophy 一字皆摄。这名词初定于希腊的毕达哥拉斯，在希腊有其特色，可说此学为希腊所独有，流传至欧洲近代。在印度的，可谓为玄学或精神哲学，性质又迥乎不同。在玄学是纯凭灵感和直觉，在哲学是虽在高境上凭灵感，然重概念。重概念则重分辨，重方法，玄学不然。它只能以较高底灵感代替较低底灵感，其所出的概念也是多象征而少直指，多概括而少分析。顾其目的虽同为求宇宙之“真理”，而玄学重直观，重体验或实践，论到精神上的证悟和受用，则竟可谓实际底了。

至若metaphysics 一名词，在初始得之偶然。安德隆立恪斯 (Andronicus) 在公元前半世纪出版亚里士多德 (Aristotle) 全集时，以其“第一哲学”之文字，皆编置于“物理学”(physics) 文字之“后”(meta)，亦可曰“以上”或“超出”。在华文译曰“形而上学”，是巧合。此名出自《易系传》“是故形而上者谓之道，形而下者谓之器……”然则“第一哲学”在华文即“道学”，名终于近似而实不同。而“玄学”之“玄”，首出于大易之“天玄而地黄”，字义许慎释为“幽远”。凡染红，则或丝或帛，“一染谓之縓，再染谓之赪，三染谓之纁”(《尔雅》)，“五入为緅，七入为缁”,(《考工钟氏》)注,“凡玄色者在緅、缁之间”,然则可推定其为“六入”——总之是一深红近黑之色,至“缁”已是全黑了。其称为“玄学”则疑出自老子“玄之又玄,众妙之门”,始于魏晋。无论“玄学”“道学”“形而上学”,在我国皆超乎纯思辨和理智范围。至若“第一哲学”,乃研究“存在”之为“存在”者,则颇凝定于思辨之域。将一切抽象凝定于名相思虑之境而严格加以推理,则始于苏格拉底 (Socrates),而东方之道学或哲学界至今未产生一苏格拉底,所以形成或支配东、西方之哲学观者,始终不同。

这一分歧初端极微。大思想家如柏拉图,也仍重精神契会,心灵与心灵之相接,然后有哲学可传,以为传授哲学真理,文字几乎是无能为役的。当然,后世仍赖柏拉图的文字。但在哲学发展时代,希腊不是没有另一精神追求,即神道。然而或幸或不幸,在中国未尝有希腊似的哲学发展,也没有印度似的精神哲学,亦复没有西洋的宗教。但中国不是没有精神上的追求,也不是没有哲学与玄学。但整个中国文化是另开一面,与印度的和希腊的不同,正如印度文化之与希腊文化又互不相同。自其异者视之,三者分别峙立,各自定其一尊。就希腊哲学及近代西洋哲学而论,印度没有,中国亦没有。就中国本土观之,我们笼统称之曰玄学,然道家之学可谓之玄,儒家又不好全谓之玄,魏晋间称《周易》《老子》《庄子》为三玄之学,则儒道兼摄。宋明理学又是另外一事。就印度本土观之,佛教以前的婆罗门道,乃包括此文所说的《韦陀》与《韦檀多》学，与佛教以后的印度教，体系是一，而后世的诸宗各派又炳然不同。即佛教是否可严格称为宗教，至今仍有辩论之余地。室利阿罗频多当然是深通《韦陀》与《韦檀多》的精神哲学，亦复深明希腊哲学，所以其学术的建立，可谓得东西二者之长，是作一大综合。当然，希腊哲学不是没有弱点；婆罗门道或印度教皆然，其流弊所及，又无可讳言，但至少在室利阿罗频多的精神哲学，那些弱点皆洗炼净尽了，诉于理智，诉于情心，更有当于整个人类精神追求，灿然可观。

因此，我们看这文字，只能自精神哲学立场，用了玄学眼光。论希腊哲人，这还是在苏格拉底以前之哲学时代。因此，各家各派的萌芽皆在，有些种子方始茁芽，到后世方发叶开花。惟其时在各家学说未严格划分，即尚未是纯理性的发展，所以统同之工作易做。愈到诸派分裂，则难于统同了。谓之为统同（统一是不好说的，因为异者难一），毋宁谓之会通，各种理义是多有可合的，即不妨忽略形式而专求其内容。东西方之人性，古今代之智慧，没有什么差异，在其出发点是相同的，则其所立之义有不二者。

进者，我们考赫那克莱妥斯的时代，知其在毕达哥拉斯 (Pythagoras) 、卡泰峨斯 (Hekataois) 、诺芳涅斯 (Xenophanes) 诸人之后，当然更在太列斯 (Thales) 、那徙曼德 (Anaximander) 与安那徙曼涅斯 (Anaximenes) 诸早期哲人以后了。其卒年约当公元前475年，若真其寿六十，即生当公元前535年。约略是孔子与释迦同时代的人。——这一点我们不好过于重视，大致印度的《韦陀》时代，亦已近末期，而《韦檀多》时代，则或已成熟。在印度，古历史年代多无确据，很难取其同时代文化发展作比较观。那么，这方面只合存而不论。我们只求其内容之同似，求其义理之会通。如《韦檀多》学就内容论，大可与宋明理学相比，然其时代大致在前了。因为佛教在印度本土衰落以后，即有《韦檀多》学的振兴。这么一直绵延到现代，故室利阿罗频多引以为言。综之，时代这一因素不妨除外，就内容则希腊的、印度的、中国的哲学或玄学或精神哲学，可以合论。

其次，文中提及高与深的问题。这是学术上一般底说法，其实颇为相对，因为这甚属别相。然对事物的深沉视见，与对事物的深底思维不同。以实践而论，思维不如观照，观照不如体验。这里说视见，是指心灵底内视，不是说凭眼识的观感。诸识之不足信，是古希腊哲学已明言的；不足信并不是全不可靠，而是说其记录或证据之不可尽据。但希腊思想之明晰是一特色。“流动性”即是通贯。这归功于民族的优秀，其文字语言之精密。整个古代希腊语文，尽自古至今欧洲学者之努力，还有十分之三未能了解。文法是世界语文中之最精密的一种。当然，文字是工具，但此工具之优良，成就了制作之优良。由此思想之优良，决定了西方物质发展之优胜。近代语文中唯有日耳曼语最方便于推理，故亦有哲学语言之目。

一

宗教信仰是一事，哲学思想又是一事。或者泛以思想为说，西洋至今为希腊思想的传承。欧、美教授的仍是亚里士多德的逻辑。这成了西洋思想的骨干，较之印度的因明，其势用不可同日而语，希腊的“智论师”(Sophists)初期实颇高明，到末流是任凭人立一主题，他可寻出论证，则已离乎推求事物真理的本旨了。

兰纳德 (R. D. Ranade) 教授最近发表了一篇关于赫那克莱妥斯哲学的小论文。看这文章的篇幅，这像是一提要，但出自何者无说。以为这是这位完善底作家和学者说哲学家的一系论文之一，或出自一哲学史，这或许希望太过。无论怎样，这么一篇作品出自这一手笔，是一无价底获得。因为兰纳德教授具有稀罕底才能，到了一绝高底程度，善能容易却又适当表白；但他有多于此者，因为他像于语言学和哲学的问题，对寻常读者似为苛刻、枯干、困难、感拂逆者，能赋予以引人入胜的兴趣。他于文辞之光辉底清晰，流畅，美悦，加上了表呈之同等底辉煌与正确底明朗性，且皆具有那完善底风度，为希腊的和法国的语文与思想所自有，但在英语颇为稀有的。在这十七页文字中，于这古老、谜语似的，耶惠索斯人的思想，他表述的那么清晰而且充分，使我们感到愉快，得到启明，而且满意了。

疏释

耶惠索斯 (Ephesus) 是伊阿尼亚的大城之一，以一百二十七柱之狄安那 (Diana) 女神庙著名古代。该庙焚毁于公元前355年，亚历山大出生之夜。

赫那克莱妥斯是耶惠索斯人，是一贵族，世袭祭司之号（王者，Basileus)，然传到他时只存其为一宗教上的虚衔，这，他又让给他的兄弟了。他对本地人士极不满意，尝反对他们的政治措施。或者天性颇为隐僻，又加以对时代的不满，渐养成了对普遍人类的蔑视。生平著作不算丰富，所写的多是简语，但内容极充实，然未作说明。这里说是“谜语似的”，亦言其文字之难解。在其生平已有“晦暗者”(ho skoteinos) 之称（此名视见于Ps. Arist. “*De Mundo*”, C.5）。然不碍其为高深底哲学。于此可知其文字之多凭灵感和直觉，非如后期之依概念而推理，转而与东方的玄理有合了。

作者在此盛称兰纳德教授的表呈，惜乎译者未及见。一般而论，能将幽晦底古典文字，用现代语解释的明明白白，而无任何牵强或臆断等弊病，是异常使人愉快的——求其文于修院，已不可得。距今仅五十年（室利阿罗频多此文，发表于《阿利耶》[*Arya*]，即《圣道月刊》，时在1916年12月至1917年6月。而单行本初版印行于1941年。第二版印行于1947年），一位哲学教授又颇声尘寂寞，或者其文于巴黎图书馆犹有庋藏，有待于学者寻索了。

一

有一两点困难地方，我倾向异于他所取的结论，他积极地拒绝勃莱德勒 (Pfleiderer) 的见解谓赫那克莱妥斯为一神秘者；那自然是过甚其辞，而且，如其所云，是一误解；但在我，仿佛觉得在那误解之后，却有某一真理。赫那克莱妥斯之斥责其时代的“神秘道”(Mysteries)，在这方面是不甚概括的；因为他所谴责的，是“神秘道”的那些方面，为黑暗魔术，身体的欢乐，识感的兴奋，至少在其末期的某些发展方出现的，其时“神秘道”进入颓废已深，一世纪后甚至耶路沁尼亚 (Eleusinian) 人物，亦成了阿启毗亚迭斯 (Alcibiades) 及其朋辈的危险底嘲笑资料。他的申诉是民众所愚昧崇拜和迷信的秘密仪式，“使在人民所奉为神秘道者，不神圣地诡秘化了”。他反对狄阿尼西亚 (Dionysia) 道的极乐，在其接近“自然”秘密中的黑暗之法；但是，如有此一阴暗底有时且为危险底狄阿尼西亚的神秘主义，亦有一光明底阿颇罗 (Apollo) 的神秘主义；如在神秘底檀怛罗 (Tantra) 中有“右道”亦有“左道”(Dakshina Marga, Vama Marga) 之分，虽赫那克莱妥斯未尝参与也未尝支持任何种仪式或扮戏，他仍然使人感觉他至少是“神秘者”和神秘主义的一个智识孩子，虽或是他母亲家中的一忤逆之子。他有点点神秘作风，有点直觉底阿颇罗式的内视，窥见生存之秘密。

疏释

这段牵涉的问题颇广，必待略加说明。

请先略释关于印度神秘道的事。“檀怛罗”是Tantra一字的音翻，姑译为“密法”。此字在梵文中有三十四个意义，但在此是指各种求神的仪法，为了要得到超凡的权能。中国所了解的密法，属大乘佛教，所谓“密宗”或称“真言宗”，则主要是念咒，或朗诵或默念，其次是画符，和作其他秘密仪式。大乘到末期，论师之路已穷，术士之途渐启。论师所操的工具是因明，所诉予者是人的理智，所求达的目标是涅槃、解脱。到了龙树，无著，可谓登峰造极；即是龙树，已有二人，一是纯粹论师，一是附带了南印度铁塔的传说，似乎是一密乘神秘人物。人类的精神寻求，路道是广的，多方多途，极少人能纯粹凭理智而生活，因明甚至逻辑的范围有限，不能餍足人类精神的要求。于是大乘在中国这重实际而淳朴的民族思想之势力下，发展了禅宗，一切推翻，并文字语言也不要。在印度本土，这民族原富于幻想与宗教热忱，便吸收了印度教本身的一切对神的崇拜，发展了无数“陀罗”，诚所谓牛鬼蛇神，无所不有了。大乘的主旨依然不失，但在相当义度下“法术”盛行了。念一咒语，施一法术，便可收到超自然甚至超物理的效果。这便是所谓“檀怛罗”。它部分属佛教，但主要仍属印度教。

然有一点是于值得注意的，这类咒语以及法术，从来是不公开传授的。流传到西藏的，即所称为“藏密”者，似乎比较公开，其人士颇有社会地位，但在中国内地，这类人士自成系统，江湖上往往有之，不甚为凡人所崇拜。其间有各宗各派，由于各师的传授不同。在印度教中则分别所谓“左道”“右道”，即通常所谓“黑法”与“白法”，大致非其道中人亦不得其详，而行“黑法”者，必不自以为黑，或者自知或不自知，如近古杀人祀“大力神”，在旁人必以为“左道”，为“黑”，然其人必自以为非是。似乎其分别在于由道德或伦理或反道德与伦理而入乎精神境域之辨。

神道超人道以上，但神道亦在人道之中。人道应当超出，若道德与伦理成了拘碍，则左道可济右道之穷。神道原不离人生，若其奔轶放荡转有害于人生，则右道正所以救左道之弊。通常两派是互相水火，于精神造诣已深，方可见其等平，因为人性中本来有这么两个趋向。其为流弊亦同然，总归是忘却了主旨或原来的指归，以小术小数为大道，忽略超上的精神境域了。

其次，在东方如是，在古代希腊同然。这些文化上的史实，近代很少人注意了，因为是陈迹，在学术研究上或犹有少数好奇之士，根据古典或考古学上的新发现，不时作出点新底报告，但自公元后六世纪，古希腊民族已完全消亡，哲学早已湮没无闻了。近代对希腊古典的认识，皆出自文艺复兴以后。古希腊哲学当然是光华灿烂，为人类智识努力的最高记录，但何以未能保世滋大，使其民族传世永久而保持其万世无疆之庥，这是历史上的绝大问题，或者可在其间寻出某些法戒了。综之，其声光文物，值得重寻，就此所提及者，不妨说明一二事。

“耶路沁尼亚”(Eleusinia) 是古希腊每四年举行一次的大庆节。或者游行庆祝，群众大会，原有在于人类天性中，是所谓“群”德。这“群”德在生物中原是集体底自卫，是保持种性的本能，在人类则已升华，所以打破生活的平凡，开拓新底活动原地。在动荡的社会如现代者，群众运动多属政治性格；在古代较安定的社会，成为生活上的新刺激，主旨在乎精神追求，则多属宗教性格了。这希腊的耶路沁尼亚节庆仪文，亦即mysteria，兹译曰“神秘道”。原是敬祀雪勒斯 (Ceres)，收获之女神，和她的女儿颇罗色宾那 (Proserpina)，司人类死亡的阴界的王后。——神话说凡人将断气时，不经她剪去一绺头发，终于是可以不死的。司理的是人生多么重要的两事。

以现代社会学和心理学（以至精神分析学）的眼光观之，这类神话以及宗教建置的价值无尽，其可探究者亦无尽。参加这节庆的，只有“神秘道”中之人。其入道之前，虽无年龄性别的限制，亦颇有严格底范围。起初是非雅典人不可入道，其后终于是外邦人或野蛮人不许参加。在社会上犯过罪或行使巫术的人，当然也在禁止之列。入道的仪式是先斋戒九天，作祈祷，奉贡献；此为参加“小神秘道”的初端，有祭司领导作种种仪式。一年之后，方可参加大组织，然后传授种种秘法。若有泄漏其秘密的，必被处死刑。这是最神圣而不可侵犯的规条，苏格拉底之定死罪时，甚与此事有关系。

传授是将入道者夜间带进一大庙里 (mysikos sekos),

在入门处以圣水涤手，教其保持心思清洁，其次方向之诵出神秘之文，该文是镌在或写在石上，上面盖以一石，上下契合，不易揭开（名petroma）。其次另有祭司发问，得一一答复。其次是神秘现象发生了。此入道之士，仿佛觉得大地震动，黑暗弥漫，火焰突明，雷电交至，魔鬼现前，呼号刺耳，凡可骇可畏之一切恐怖现象一时皆起。此之谓直觉 (autopsia)，久之始静，而入道者乃被叱退。其时所穿的外袍，由此奉为圣洁，以为可辟邪魔，破败后犹传于子女，或送入神庙。

祭司有各职位不同。主祭司 (Hierophantes) 有侍者三人，持炬，传呼，司坛，各有其职。其余各祭司的等级亦分，如前所云赫那克莱妥斯所世袭的，亦是主要一职。他得念祷词，作奉献，司纠仪法。有四个助理，是民众所选举的。另外有十人为诸节庆大会之理事，佐理一切奉献或牺牲。

这一庆节在九月举行 (Boedromion)，从十五日至二十三日凡九日始毕。在这期间是不能拘捕犯罪者，或向政府有所请求，违者是罚巨金，或者处死。已入道的人，当禁某些食物，如豆，如鲻鱼，如山狸。也不许坐在井盖上。若妇女乘车到会场，罚六千银币。第一日名“大聚会” (agormos)，各信士皆初聚集相见。其规则是公民一切平等，无贫富之分。第二日是“赴海” (alade mystai)，凡已入道者皆往海滨洗浴。第三日“献祭”，献的是鲻鱼，以及Eleusis 地种的大麦。灌献之酒（名曰Thua）异常神圣，虽祭司亦不得尝。第四日“游行”，将迭弥帖（即雪勒斯）的“圣筐”(kalathion) 载于一特制的车上巡行，道旁观者皆呼“迭弥帖万岁！”(chaire Demeter!) 车后随以妇女，亦各携篮子，中置芝麻、绒毛线、盐、石榴、蛇、长青树枝、饼、芦等物。第五日为“火炬节”，是夜人民皆执火炬游行。竞争谁奉献于女神的火炬最大。第六日为“雅克休斯”日，雅克休斯为攸彼得与雪勒斯之子，尝随其母遍寻其妹颇罗色宾那，因为她被地府之王 (Pluto) 劫去了。游行日载出了他的造像，手执火炬，像及拥之行者，头上皆挽着“雁来红”树枝为冠。此日遍处歌声，及击铜器作响，游行时信士舞蹈。出耶路西斯 (Eleusis) 之郊，至邻地某一无花果树下而止，中途过某一桥 (Cephisus, 河上）必稍止，而凡过路者此时可遭其嘲戏而必不以为侮。行程入乎Eleusis, 由一“神秘道”(mystike eisodos) 入。第七日则为“运动会”，竞技，胜利者得奖，奖品为大麦。第八日名为“耶毗道罗斯节”，接受新会员，重行仪式收入道者。——以纪念耶斯悫那毗乌斯 (A. Esculapius), 自耶毗道罗斯回雅典时，常举行仪式介入“小秘密道”。第九日为最后一日，称为“陶瓶日”(Plemochoai), 是作祭祀，用两个陶器制成的大瓶，盛满了酒，置之一东向，一西向，祭司念完了祷祝之词，便将其掷下地，打破了，酒便流出，这是作为灌献了。这么结束了九日来的辛劳。

这便是所谓耶路沁尼亚的“神秘道”，是希腊一切节庆中最神圣的一个。一切神秘法术在民间流传的，皆由此而起。这后来传到罗马，直到公元后四世纪，方为帖

阿多修斯大帝 (Theodosius Magnus, 335-395) 所废。大致自其最初设立起，每四年举行一次，前后行了一千八百年。

对这么一个历史事实，时代相隔如此其久，东西方距离如此遥远，我们实在不好赞一辞。其间详细情形，已不得而知了。这上述的记载，出自可靠的史实，只钩出了一大致底轮廓，或者去真不远。即就此一简括记载观之，这不好说是怎样不健康底举动。它充分代表了古代这一优秀民族的风俗人情，行之者不限于雅典而是全希腊，还传入了罗马，何况传世近两千年。但宇宙间的事，贵乎随时进步，续续增新，无论什么健全组织，日久必然不能无敝，如佛法，初起多么雄直，然其正法住世，亦不过五百年，像法住世，不过一千年，末流去原始形态已远了。这一秘密道之久而不能无弊害，亦属情理中事。何况宇宙间的事，一涉及神秘或秘密，便不能是至大至公。不是至大至公，可能无害，但亦可有害，其性质不定。若本身为一秘密道而又如此广被，则其秘密必不能长守，亦必不能无害，倘若原有所益，亦必不能无所损。少数个人可以保持某一崇高底理想，多数人则不能，多数人只可顺从一时代的风气或合为一潮流，必不能冀其保持任何崇高底理想而不渝变。因为，人性自古至今还未全般转化，天生不尽为君子而不免有若干小人。那么这么一大组织中必有藏垢纳污之处，因其秘密，或为公开的秘密，必附有臆揣谣传，或真或伪。其中的人物，倘若尽为纯洁，由此秘密之故，亦必不能皎然皭然，何况未必尽皆如此。倘若精神权能实有可操，则有如武器，而操之者必不免于误用或妄用，亦情理中事。大致古今中外的宗教组织尽皆如此。“白法”“黑法”，原同是一“法”，用之不正当则为“黑”，往往最初分辨在几微之间，而结果的分殊则异常浩大。这文字所说，如赫那克莱妥斯，在当时已对此“秘密道”大加攻击了。必然是已酿成了若干流弊，必待新有改革和智识上的启明。

其次，文中说及阿启毗亚迭斯 (Alcibiades)，这是苏格拉底的一位学生，后来为一大将，亦为一良好底政治家。然被谋杀而死，死于公元前404年，年四十六。其人富于天才，能冒险，且深有哲学智慧，古代有几位著名作者在其死后替他辩白了其时代人士对他的误解，以为希腊杀害了他便失去了一可使希腊强盛的伟人。如此处所云，必然对此“神秘道”亦表示不满。

就史事观之，似乎在古代不无流弊的，不单是这，而是狄阿尼西亚 (Dionysia)，纪念“酒神”(Bacchus) 的节庆。这原是由埃及传入希腊的，有人认此Bacchus 神，即古埃及的Isis，或“月神”。其纪念仪式亦不甚异。这种仪式在希腊各地又颇不同，大致皆在秋间举行，在葡萄收获以后。在城市举行的（称为astica 或ta kat' asty，义为“在城中”）与在乡间举行的（称为lenaia，“酒榨”或ta kat' agroys，“在乡下”），有大、小之别。无疑，“小节庆”是“大节庆”的准备。而每年在雅典举行的，尤为盛大。

起初，这节庆仪式是颇简单，其原则是欢乐，而其末流入狂欢。人民皆出而游行，携了一罐酒，上加以一枝葡萄藤为装饰。其次牵一羊，其次随之以一筐无花果，最后为phalloi，表生殖的征象。人民各个奇装异服，求合乎“酒神”在神话上的传说，或披鹿皮，或着细纻，或戴法冠，或以长春藤、无花果枝叶、萄葡藤缠于杖头或编成圆环戴在头上。此外亦装扮成神话中种种怪物，作种种醉态、戏态。乐器随之，在乡村山野间浪走，作种种奇怪舞蹈，高声大叫“Evoe Bacche! Io! Io! Evoe! Bacche! Io! Bacche! Evohe!”亦有较庄严底队伍，则其后一群人捧持祭器，有一则贮了水。此后随着一班贵族童女，携着金制小筐，中贮种种果实，有时筐中盛着小蛇，往往蜿蜒欲出而使人惊骇。此后则随以一队男子，以花叶饰头遮面，持着长竿，上缚生殖象征，歌唱前进。此后又随以一队作女装的人物，着长白条纹长裙，而头戴花冠，手套亦为花制。此后多为乐队，一队人持着“酒神”的乐器 (liknon)，此为全会中最重要之一部分，无此则不成其为庆典，因“酒神”亦有Liknites（乐神）之称。

此一欢乐节在希腊各地的名称不同，也有三年举行一次的，也有五年举行一次的。后从图斯干尼传入罗马，称为Baccha nalia，流弊丛生。盛时会有男女七千人参加，当然使罗马城热闹一时。或许秩序被扰乱过甚了，终于为元老院所废；然废了久后又复兴，变到较为庄严典重了。

客观，然就历史眼光看，这是自古至今未有定论的一问题。古七贤之一的比达可斯 (Pittacus, 652-570B. C.)

立法，凡酒醉而犯法的人，惩罚加倍。禁酒从来被视为良法，但从有史以来，没有任何处能彻底实行。出产葡萄以酿酒，关系农民的生活，而饮酒又成了生活上的需要，所以从来无法禁绝。热带人犹易将其蠲除，温带的人或寒带必藉此保健。秋收劳苦后民众藉此作一日之乐，在原则上无可非难，对于社会生活，不必须有坏影响。若在生活紧张、礼法森严的社会，民众必然乐此，每年有一趟弛缓之时，反而保持了社会的精神健康，无形之中大有益处。但这可疵议的是荒于酒与色，群众扰乱社会秩序，必酿成祸乱。一大群众的黑暗根性因此迸发，未足以为趋向光明的导扬。求其欢乐而不荒忘，不是容易的事。

酗酒者往往荒于色，皆足以丧生陨命。社会上的一部分祸乱，多由此起。这在罗马以禁止为明智，在历史上也不免于后世的非难，因为必有荒淫无度之事发生，败坏了风俗习惯。但其敬拜生殖象征，似乎不是弱点。自宇宙之创化立场观之，据我国哲学，整个世界是一阴阳之合，不但人类之男女，动物之牝牡，甚至植物，也是雄蕊雌蕊之合，结果而存其种性，甚而至于矿物，也有阴电子阳电子之分。同性相拒虽未必然，而异性相吸亦为通则。必神而明之，取此一而为二的宇宙原则为敬拜对象，由是而敬拜宇宙的创生者，则亦与吾国大易的玄学真理初无二致，所敬拜者不是此表象而是同此一“真理”。说者或以为有鄙俗与文雅之分，则不关系于原则而成为形式问题了。它在各民族的习尚不同。印度各地崇拜湿婆神的信徒不少，几千年中，其间文人学者何限，拜的是“天根”，传说是湿婆神的生殖器，其于民情风俗，可谓绝无不良影响。我辈近代自诩为启明，科学发达了，对此原则的物质方面当然比古人懂的多一点，但于这原则的“为何”没有解释，没有解释只好视为当然，牒出了现象而未能说明其原因，终于仍其为神秘，只是我们不以此原则为敬拜对象罢了。

精神方面的事往往只能由个人体会，它难于成为共通底真理而为大众所许。或能下正当批判的，从来只有极少数的人。但揣想历史上最初创立此种敬拜及其仪法的人，似乎不是无其明智，反之，却可能寓有深奥底道理，以此而裨益人群。浅易观之，这似可使族类滋大，繁衍；但另一方面，是否救治了社会的疾病，有益于群众的或个人的精神健康，即间接为善生之一法，还大有可研究的余地。我们很难信它是人类野蛮风俗的遗留，因为不但希腊，即其发源的埃及，很古就已甚文明了。但古代社会情况的历史记录，不完全，材料是在某方面嫌多，于我们合用的仍是太少。精神方面，至今所公开的学问仍甚有限，晚近的心理学及精神分析学等犹待发展，对这，只好姑且存而不论了。

虽然，既皆是欲情的事，无论酒与色，而又公开，且加以敬拜，这颇难于通过我们的理智，则不得不视之为神秘道了。我们不能不承认享乐的追求，是一巨大力量；或者利用了这力量，成就了什么精神上的结果，如所谓“解脱”，以及其他，然非道外之人所知，这便是所谓狄阿尼西亚的神秘主义了。古希腊亦曾产生过一绝大底“虚无论”，比佛法之言空，尤为激烈，这似乎尼采在其《悲剧的产生》一书中也提起过。那是不是这神秘主义的副产品呢？享乐主义之与虚无主义，在逻辑上有其对反之相形，虽不必互为因果，在心理上有其密切关系。论宇宙之本实，据印度哲学，亦为“真”为“智”为“乐”，只是从人之门径不同。大致可说那从入之途是超凡的，而这从入之途是人间的，甚至是欲情的；是否达到同一目标，仍属疑问，但其动机皆是解除人生之悲苦。我们却又不可视此一神秘道为全无理智。很明显的，“酒神”便有两个表相，一为美少年，表饮酒之欢乐，一为丑老年，表饮酒之能使人身体衰老，精神虚弱。然则又有教示存于其间，是儆醒人不当纵酒或沉醉。

平心论之，欲情亦不是罪恶。此理至明，无欲情绝不成其为人类，而放纵情欲适足以戕生，这亦是常识。或者卸除其享乐与神秘的外装，这一狄阿尼西亚道原本是很明智的或理性的，亦说不定。由于传世久远，初旨浸失，附加了若干黑暗成分，这类例子，在中外教派的历史上，亦属常见的。

文中所举与此对立者，是阿颇罗道，亦复成其为神秘主义。神话的传说初未一致，阿颇罗有四人（一为Vulcan 之子，乃雅典人之护神。一为Corybas 之子，生于Crete，尝与Jupiter 争其地之统治权。一为Jupiter 与Latona 之子，由Hyperboreans 北国而往Delphi。一生于Arcadia，称曰Nomion，因其为民众立法。第三者最著）。其最古者即埃及之阿鲁斯神或太阳神。可见此道亦由埃及传入。流传在希腊，谓其为美术、医药、音乐、诗歌、辩才之神。在多地的造像，为壮大之少年，长发无须，罗马人喜效其姿态，蓄长发至十七八岁时始剪去。造像或手持弓，或持竖琴。在Rhodes 曾立有巨像，为古代七奇工之一。普通造像头上总环有光晕，在多处庙堂中有其“神示”，甚为古代人所敬拜。传说其亦能播散瘟疫，则头上环绕的是云而不是阳光。因为造像之圆光，有诗歌中又颂其有如太阳，因此俗人亦误以为即是“太阳神”。在埃及曾是，在希腊不是。

纪念阿颇罗的节日不是怎样盛大，如AEgialea 举行的，纪念阿颇罗与狄安那 (Diana) 之被劝回于该岛，传说阿颇罗与狄安那曾访该岛，被该地人士所逐而往Crete岛，随后该岛人民一皆传染情绪恶劣的毛病。后有本土先知劝本土遣派青年七男七女往克列特岛劝其返回，于是在岛上建一“劝导女神” (Peitho) 之庙。纪念时不过男女游行。此外在罗马纪念的，不过是每年举行的运动会 (Apollinaresludi)，传说古有预言诗，罗马人若立运动会纪念阿颇罗，且醵资祀奉此神，则不难击败威胁罗马之敌人。相传第一次纪念时，忽传敌军迫近，于是人民争出城击敌，倏见云中矢如雨下，丛射敌军，遂获大胜，由此每年举行此运动会，至罗马建国后545年，此日乃定于每年七月。

这么看来，阿颇罗之敬拜，全无神秘。神话是优美的，说他是诗歌之神，常在帕纳索斯 (Parnassus) 山顶上，与九位文艺女神 (muses) 出现。——但我们稍深思文艺之创作，在其极诣，亦凭灵感，在作者亦不自知其所以然而然，只合说是自上而降，如一长篇中或者所谓神来之笔，或寥寥数语，便光气四射，千古不磨。这不能说是一偶然，而实可假定是上一界的光明下降。至今写艺术论的不少，美的探求不算不深，但对这现象，依然不能解释，只好说为灵感，那么，灵感出乎或依乎神明，依然是神秘境域了。但这期间人们不使用什么秘密法术，是一光明之道，可谓太阳的秘密，不是黑夜的秘密。而且，倘若后世的学术进步，可以希望其增上启明，不成其为神秘了。

诚然，如兰纳德先生所云，徒然是简言不是神秘主义；简言与短诗，很常时是也许通常是智识之一凝聚了的或有所含孕的一番努力。但赫那克莱妥斯的作风，如兰纳德先生自己所叙述的，不但是简言式和短诗似的，而是幽奥的。而且，此一幽奥性格，不止是一位智识思想家的自愿的隐晦，似充作他的思想之一过度底凝聚，或提示性的一太紧密包裹了重担。这是隐语似的，是在神秘者的作风为然；是隐语似的，是在他们的思想方式下；他们的方式，是要用真本“谜的语言”以表白此生存之谜。比方说，那“永远活着的火”是什么呢，他在其中见到是世界的原始不灭底本质，认其相续与宙斯 (Zeus) 与永恒性为一的？或比方说，所谓“那驶动万物的雷电杵”，我们又应如何理解呢？解释此“火”仅为光与热的一物质力量，或简单是“存在”的一喻相，即永恒底“变是”，这，在我感到似乎是失却赫那克莱妥斯的话语的性格了。它包括这两种理念，以及与它们联系的一切。但于此我们立刻回到《韦陀》的语言和思想之转了；使我们记起《韦陀》中的“火”，被赞颂为诸世界的建造者，在人和物中的秘密底“永生者”，诸神的周匝之表，阿祇尼 (Agni) 周圆“转变”为其他诸永生者，他自体变化而包含一切神；也使我们记起《韦陀》的雷电杵，那电“火”之属于“太阳”即真底“光明者”，“眼目”，为神圣底开路者密怛罗 (Mitra) 与涡鲁拏 (Varuna) 的神奇底武器。这是同一幽奥底语言形式，甚至是同一简单而丰富底思想方法；虽其概念非为同一，然有一清晰底合谊。

疏释

这里，是希腊的神秘道又牵及印度的神秘道了。说《韦陀》，只指《四韦陀》中的《黎俱韦陀》，皆是对天神的颂赞，体制无韵而有节律，亦等于中国的诗，可诵可唱，而罕播之于弦管。意义可浅释亦可深释，诉之于凡人亦诉之于最高底圣人或神人。印度一般的信仰，以为皆不是人作的而是神授的，Rishi 这名词，佛典中译为“仙人”，在古代指“诗人亦见士”，是见道知真的人。《韦陀》的作者，便是这流人物，所表的是见者的智慧，所用的是见者的语言。因其见到宇宙人生之奥秘，所表之者是奥秘底语言，这便又自然成其为神秘道了。大抵其崇高底精神知识或玄秘知识，亦不宜为凡俗所共知，除了传授于“入道”之人，即选拔之士，此与希腊古俗无异。见士狄迦答摩斯 (Rishi Dirghatamas) 说《韦陀》的这些颂赞，存在于“一无上底以太里，不可灭，不可变，一切天神皆坐于其间；而不知道‘那个’的人，将以此颂赞何为呢？”（见《黎俱韦陀》I，4, 39) 他又说语文出自四境界，第四界乃属于人间，即寻常语文，而其上三界皆隐秘了。然至今所推许此等《黎俱》或诗颂，分其内中和外表两种意义，外义虽凡此诗颂皆著，即可读，可解，然必在见道知真的人，乃可窥知其内中另一深义，依寻常人这么读去解去，终于是见之而不见，闻之而不闻，诵之而不知，解之而不解，此即其所以为神秘了。简言之，同一文字的意义，有显有密。

后世于《韦陀》的解释，已分数派，属显了义的：有文法学的解释，有文字学的解释，有文辞学和哲学的解释，有仪法或礼仪上的解释，有考史的或神话学上的解释，而西洋十九世纪后对此作社会学上的研究，又另自成一派，因其从而出发的立场不同，观察的眼光亦异，所达到的结论与传统的迥别。然精神学术中的解释，则属于秘密义了。——室利阿罗频多，于《黎俱韦陀》有英语译本，自成一家之学，主旨在抉发其秘密义。

此段举出了《韦陀》神坛上三个神名，一，阿祇尼 (Agni) 即“火神”。——因为这是《黎俱韦陀》第一章第一字，且略作文字学上之分析：

“阿祇尼”一字之“阿”，可谓原始字根，Vā，义为“是”，即“是此是彼”之“是”。其次一字母为g，义为“力”。由是成一拼音为ag，成次等字根，义为“力中之是”或“存在于力量中”，换言之，即“强盛地生活着”，或“优越地生活着”。“尼”(ni)，即名称之附加，在音翻时，g与n 合而表之为“祇尼”，实则“祇”字无韵而有声，略如古之反切。然则“阿祇尼”此字或此名称之本义，为“有力”“雄强”“光明”“优越”。

以此次等根Vāg 而成者，梵文中还有agra，义为“在前”“居首”，有“仙人”名Agasti，乃传古亚利安文化南下印度中岭山脉之第一仙人。以希腊文化较，agathos 义为“善”，原义为“雄强”“高尚”“勇武”。动词作agô，义为“我领导”，亦由此出。人名亦有Agis, Agamemnon 等称。拉丁则有ago, age, aglaos，义为“光明”。而此ag 在梵文中亦可与aj 一次等字根互换。似与“爱”与“拥抱”之义相关。但古梵文多用ang，如angati，义亦为“火”，angara义为“炽炭”，而angira（安吉罗）即agni（阿祇尼）。

古代拜神必燃火，不论所燔者何物，无火绝不能成其祭祀。火焚于地而上达于天，则此火神是天、地两间之一中介者。因此有“祭司”之称。无星无月之暗夜，燃火则明，故又谓为“见士”。古人钻木取火，由上、下两片木用力敲击，然则亦称为“力之子”。火明则无暗，故亦称“无睡使者”；其他种种名称，意象皆极丰富：如“家中永为清醒之火焰”，“我辈住宅之主人”，“可爱之宾客”，“造物中之主”，“发辫发光之见士”，“不可战胜之勇士"，"人类导师"，"生死中之永生者"，"天神在人中所立之工作者"，"神圣视见"，"真理之发光之太阳"……种种名义，不一而足。

倘若意义仅是如此呢，则可说是灵感的诗颂之辞，可在文学上品其价值而已。然真成其为精神哲学，于此即可见颇有不止于此者。如上所云，求字之本义，它表示优越底力量，那么在任何作为，运动，情况，以及人的感觉中皆然。为力，为优美，为光华，居力量或权力或能力或权能之首。必求其所自来，而宇宙有其"主"者，此必出自浩大而秘密之"主"。此阿祇尼则乃"神明"之火。推之，凡存在之力量，作为的能力，形式之美，知识之光明，荣耀等，皆此阿祇尼的显示，此则出乎通常"火神"一名的概念以外了。然则可概称为知识之力，或更就本原说，为"神圣知觉力"，凡热情之力，意志之力，皆概括于其内。此一"神圣知觉力"之于物质界，乃形成或毁灭一切事物，它攻入，笼括，改造，重创，那么，又是物质及其形式下的潜在者。——作如是观，已颇涉入精神哲学境界了。

此一知觉着的力量，不容黑暗，为见者，又为见者之意志，则可说其所知觉所见者必为"真理"，因为通常是黑暗与光明相对，即"真理"与"虚伪"相对。无论世界如何黑暗，此一神圣意志与知识之光明必然存在，一旦显明，必然见到"真理"。

如《黎俱》所云，阿祇尼是一祭祀的领导者，他以牺牲的馨香达于上界，供奉天神。推广此义，凡物之成也，毁也，始也，卒也，皆可谓“牺牲”。人类若志愿觉醒，以其一切活动奉献于一更真实更高尚之存在，或者说，要出离生死以达永生，那么，必当引燃此一“力量”与“意志”之火焰。然这“意志”亦包括人的“情命意志”，此譬如烟焰，将情欲等焚去或牺牲掉，则无上之精神意志出现，白热之焰，上升于光明之天国即其故家。其毁灭亦即是纯洁化，将人生一切虚伪焚却了，然后人类乃得生活于纯粹真理中。它是古往今来的人类之共通理想，希腊古代如毕达哥拉斯 (Pythagoras) 派人物，多么注重纯洁化或清净化，是略窥西洋哲学者皆知的。

若详述阿祇尼在《韦陀》或印度古代文化史上的地位，非此文字所能罄尽，亦非此文本旨。要之，若谓其为一个人性之“神”，毋宁谓之为一宇宙原则，为一雄强底宇宙力量或世界权能。因其本是伟大，亦无特殊自求之目的，故不在群神中称尊；有如天界的一祭司，而祭司不是所崇拜的对象。总归这是一精神真实，其有助益于人类之工作无尽。

于此不好广推。如拜火教不但在古代即在现代，仍流行于亚洲中部，在帕米尔高原之西。印度教中仍有拜火一派，散见各地。山崖石窟中，往往可见到有穿赭色衣的修士，坐在五聚火焰中，在各聚上添薪，或在静观默想。似乐于热带的酷暑，无异雪山之祁寒，非其道中人，自不知其主旨何在了。这里得略回顾我国古代的事。

比较以观，中国从来没有神话学，也未曾有过神之董狐。但不是因此便没有精神哲学，反之，却有超上底玄学。也许这民族开化太早，这类神话在上古曾有，然已经遗忘。西、南夷中亦仍有开辟的神话，但少为我们所知。三个圣人奠定了中国的精神思想，可说是领导了这民族以臻于精神思想的启明，至今我们仍在其教义范围内未尝出离，因其所表者是浩大底宇宙真理。这便是文王，周公，孔子，东方三圣。虽然如此，上古的传统仍有留传，惜乎我们所得的仍是一鳞半爪。五行之说当然早于邹衍，或者是上古民族信仰的遗留。周家即有火德之称，可以为证。五行汉代人释为“五常之行气”，是优美的解释，因为这已离乎初期希腊哲学那样的信仰，以为或火或水是宇宙万物之本始因。“气”无法解释，只可说是一精神运动，仍统摄于阴阳二元之一元。在一圆周上划定四方又配之以八卦，加以中央更配之以五行，重之为六十四卦即六十四个表象，附之以天干地支，再加之以算数，宇宙万象的基本原则，几乎欲笼括无遗——倘若这在理论上不可能，至少原来的主旨如是。——整个精神哲学系统化了。在学术史上大抵系统化后起，是从漫无统绪而又丰多的材料中提挈而纲领之，是几乎纯理智的产物。但这系统化之者又非纯思想，纯思想可产生哲学，以及科学，如柏拉图以后的哲学及近代科学皆是。道理非全出于思考，亦依凭证验和体会，依然出自灵感和直觉。总归中国是具备了这一玄学大纲，至今还没有走上纯思想之路（近代学自西洋者除外），此较印度的韦陀时代的神道，又迥乎不同了，那是林林总总，是此亦是彼 (Henotheism)，使人极难寻出一头绪来。

系统化的玄学，代替了上古的神话，理智已参入其间，便见不出神秘道了。《礼记》中的月令，当然不是周公所作，亦非吕不韦所作，大抵是吕不韦门客集合古代流传至当时的信仰编成。其中“火神”成了孟夏即四月之神。“孟夏之月，日在毕、昏、翼中、旦、婺女中。其日丙丁。其帝炎帝，其神祝融。其虫羽，其音徵，律中中吕，其数七……其味苦，其臭焦……”——郑玄注：“此赤精之君，火官之臣，自古以来，著德立功者也。炎帝，大庭氏也，祝融，颛顼氏之子，曰黎，为火官。”而高诱于《吕氏春秋》此文注云：“炎帝，少典之子，姓姜氏，以火德王天下，是为炎帝，号曰神农，死托祀于南方，为火德之帝。祝融，颛顼氏后，老童之子吴回也。为高辛氏火正，死为火官之神。”——于“其数七”郑注云：“火生数二，成数七。但言七者，亦举其成数。”——仅观此段，可知历史参进了神话之域，与希腊和印度的多么不同了。

虽然，这亦不失其为神秘或玄。孟夏有帝为炎帝，有神为祝融，则是管领天时之君与臣。《左传·昭公二十九年》：“火正曰祝融。”贾逵云：“夏，阳气明朗。祝，甚也；融，明也。亦以夏气为之名耳。”郑语云：“黎为高辛氏火正，以焞耀敦大，光照四海，故命之曰祝融。”若徇许书之说，谓“祝，祭主赞词者”，意义为祝其融明，则此火神亦有祭司之义，与印度之神话同。这解释似乎牵强附会，但古代以之为臣；或敬祖先，或祀上帝，未尝以此火神为祭祀的对象，亦有可说的。祀火禳灾，是已见于春秋时的事。至若火官则掌祭火星，行火政，在大祭祀时，司火燎庭燎之事。此之谓“火正”。

《春秋·昭公十七年》“秋，郯子来朝”，左氏传记其言“炎帝氏以火纪，故为火师而火名”，揆之以古史，似乎可信。所以孔子从而学之。但那是古史，不是神话。时至中古，这炎帝乃成了孟夏之“帝”。其他律吕之谈，皆算配置了。配置是或配以数，或配以方。——配数即五行之列于所谓“河图”了。以一、二、三、四、五，配水、火、木、金、土，此之谓“五行生数”，中加一天地之中数五，所谓“天一生水，地六成之”，“天二生火，地七成之”，谓六、七、八、九、十为“五材成数”。——这可谓玄学算术，其术和近代算术一样，没有奇巧，但附丽以玄学意义，是外加。那么，“其数七”可以不论。而配以方位，则“水、火、木、金、土”，居北、南、东、西、中。南方当然近热带，象之以火之热，亦非无理可寻。在易之古学，则北坎，南离，“离为火，为日，为电”（见《周易·说卦》）。据邵子之先天易学，则离东，坎西，谓之为伏羲八卦方位，亦自言之成理。“离为日”，而日出于东，则亦非全然无据。

八卦中之离，象火。火总有其焰中之黑处，即尚未燃烧之气体，表之以一阴爻。上下皆阳爻，表光明。这距神话境界已不知多么遥远了。它不是“火神”，而只是宇宙间一原则，“见乃谓之相”，是一现相。六十四卦中之离（《易》上卷之终）则谓“离，利贞，亨。畜牝牛吉”。彖曰：“离，丽也。日、月丽乎天，百谷草木丽乎土。重明以丽乎正，乃化成天下。柔丽乎中正故亨。是以畜牝牛吉也。”象曰：“明两作，离。大人以继明照于四方。”

这是就刚柔为说。火须是刚猛之物，两阳爻一阴爻皆得其位，正表其刚猛之力。这里就音训为“丽”，义为“附着”，但亦有“美丽”之义。古代不言“美”而言“文”。“物相杂，故曰文”。于《易》是“通其变遂成天下之文”。或“观乎人文以化成天下”，凡我们现代之所谓文化，其义今古不异。以今言出之，凡美丽底事物，皆曰文。文采之新著曰文章，取象皆是美丽，光辉，所谓“文章昭晰以象离”，是取此一火德。而“离”又有“分别”一义，训绝也，别也，如言“分崩离析”，则属散坏之工事。此与火之能坏灭一事义相通。

但这里又将其抽象化了。显然，所谓“明”，不能专指火燃之光明，亦当指人之“明智”即知觉之明。明而又明，即重卦之象，为“丽”（通俪），即“两作”，即“继明”。内卦与外卦皆“离”，即可说“内明”与“外明”兼备。大人之明如是，而且“照于四方”，则不单是属个人之造诣，亦是向人类之普及了。——于此，可见凡印度神话中之高尚义，如“形式之美”……以至“神圣知觉力”等，皆收摄无余，且广大又有过之者。

但这文字里，说一“畜牝牛吉”，象传中又说“是以畜牝牛吉也”，这“是以”没有表出文字意义上的因果，使我们想不通。但印度神话中亦有阿祇尼从母牛生出之说，谓其为世间最伟大之出生。母牛即“牝牛”，加以养育者，称为“富足之母”（多数）。得其养育，乃顿然生长，其肢体壮大，光明，充满诸界。若求在物质上的这象征的根据，用牛奶的产品、酥油，倾入火中，火燃烧则光明盛大，亦是祭祀中的常法，至今可见。梵文“母牛”(go)，其象征义又为光明。“马”则象征精神力量。“仙人”祷求“马形而母牛在前之赠赐”，不是求赐一群马而有几头母牛在前行之礼物，他是求有为光明所领导之精神权能。这属《韦陀》的密义。

《易》之“牝牛”，解释则颇不同。或者亦有类似的超上意义，但传统无说。反之，牛表柔顺，属坤，“为子、母牛”；征于人事，则履乎中正，以柔济刚，同于以晦养明，义通乎“蒙以养正”，而不是以明养明。离为阴卦，一阴二阳，阳之盛大，赖居中之阴加以养育。以物理观之，火光，热力皆属阳，外发，有赖乎其生之之资或薪或炭属地属阴者加以养育，则燃烧愈为盛大。——这道理也说得通，可解释此“是以”，这与《韦陀》中“光明”之象征义成了对反。然倘以后天、先天之说，释此牛、马之同表“光明”，亦可说得通，但《韦陀》无所谓“两重天地，四个阴阳”诸说。这问题只合存而不论了。

以人文进化观之，道家自汉、唐的丹鼎一派，求服食以长生完全失败以后，乃转而入乎炼气一途，则以人身譬若鼎炉，而“火”乃身体中之“阳气”了。近世社会上流行的《乐育堂语录》，题曰《仙佛正宗》，似乎其作者读书不少。谓其人为黄裳，字元吉，则难断定是谁，大抵是明代人，或者有后人假名，亦难于考证。明代有黄裳，字元吉者，不像是道士，而随英宗北狩，死于土木之难。我们看坊间这本书，知道道家如何修炼，实亦与印度的赫他派瑜伽，不甚相远，只是方案或其玄学间架有些不同。总归以实物之丹与鼎，转为身中之丹与鼎，明确不诬，可谓是一由外转内的思想运动。同理以推，《韦陀》之由外转内，亦属可能。几乎一切皆可以玄秘之义解释。

在《韦陀》的说法，阿祇尼是“生命之主”被天神潜置于土地所生之物中，凡人类、动物、植物中咸在，又置于“水”中。“水”从天上下注，充满富藏，甘美，清澈，为牛乳，酥，蜜。——考我国春秋时已有“火为水妃”之说，而庄子中亦言“水中有火，乃焚大槐”。五行中水、火相克，亦相生相成。在事义上此“水”为雨，而“火”则为电。大雷雨中焚去一槐树是惯见底事。若谓其于动、植物中咸在，则可谓“生命”之火，而推源究极，仍是一知觉性。

文中又言及密怛罗 (Mitra) 与涡鲁拏 (Varuna) 。这两个天神总是连称的。皆表太阳神 (Aditya), 后世的神话谓阿提梯亚有其十二，各表年之一月，但古代仅有其七，以涡鲁拏为首而此神即穹苍之神。——据室利阿罗频多密义解释，则“太阳”(修利耶，Surya) 为无上“真理”之主。此“真理”包括一切真理，如存在之真理，知识之真理，作用与功能与运动之真理等。若此一修利耶当安立于吾人之生死自性中，则亦有其先决条件：必有一浩大之纯洁性与清明之宽广性，消除一切罪恶及虚伪——此即涡鲁拏；必有一同情与仁爱之光明力，领导吾人之思想、行为、冲动等而化之为和谐者，此即密恒罗。观此，可知对象化之外神，亦转为主体化之内性。亦是一由外转内的思想运动。此“太阳神”之光明力（余尚有其二），乃使吾人超凡入圣，超圣入神之权能。

此段尚说起宙斯 (Zeus)，此即希腊之创造主，人类之父，在拉丁名攸彼得，兹不赘论。所谓“简言”，在十七八世纪时曾风行一时，在法国有伏尔太 (Voltaire)，在德则有尼采，皆其著者。思想家作格言似的简要语，或为灵感的语言。可能长篇大制亦为“简言”，则是若干条的总集。我国文字中最佳的一例是周子的《通书》。此外则是“格言”了。

玄秘语言常时有这种弊病，它易于变为幽隐，没有意义，或甚至使人误会，这在不知其秘密的人为然，对后世便成了一个谜。兰纳德先生说：赫那克莱妥斯云“天神皆有生死，人则永生”，了解他这话的意思是不可能了。——但是，倘若我们于更古底神秘者的思想不将这思想家除外，了解果然是极不可能么？古《韦陀》仙人亦请召“黎明之神”，呼曰：“哦！女神和人！”《韦陀》中的天神，皆常时被称为“人”，同样底文词，传统用于指人亦指永生者。永生的原则在人中内在，天神下降于生死中之工事，几乎是神秘派的基本理念。同样的，赫那克莱妥斯似乎认识了永恒者与暂时者不可分解而为一体，那永生者，却似乎只存在于这争冲与变易中，即一继续着的死亡中。天神自体显示为继续变易和消灭之物；而人在原则上是一永恒底存在者。赫那克莱妥斯不是真以枯干底对反为说；他的方法是举似矛盾，又在相反对的语句下依约将其调和。这么，当他说“弓”(biôs)的名词便是“生命”(bîos)，而其工事为“死”，显然他不是意在徒作无谓的文字游戏；他是说那战争原则，战争为一切之父，一切之王，这使宇宙底存在现似为一“生”之进程，而实是一“死”之进程。《奥义书》亦摄得同此一真理，皆宣称生命为“死”之国王的疆土，描述其为永生之对反，甚至说此凡世间一切生命和存在，起初皆是“死亡”为充作他的食物而创造的。

疏释

这里，值得探讨赫那克莱妥斯的“简语”了。就其形式说，当然，文字简单，一句或二三句而已。既不作解释，也少有证明。它所凭的是直觉和灵感，好像“神示”(Oracle)，性质是综合底，不是分析的，不作长篇大论，作者已为如此数语已足，然不失其为一橛一橛的思想，或可说一聚一聚的思想。有如在因明三支，只有宗，然没有因、喻。在逻辑中只有结论，不说大、小前提。他自己也说神示“这既是不明说亦不隐藏其意义，乃表征之”，那么这文字，如同迭尔菲的“神示”可知了。就今其“简语”之存者，诸家所论，不出一百二十三十条，其间亦颇有重文，或亦原作之复出。然各个的解释不同，有如“见仁见智”，如此书所讨论的，亦只少数一部分而已。于今西洋学者，已不自许能全般明通古代希腊思想，因为此题本自难明。加以后代的学术思想大变，而于古代思想，纵说出的是纯全真理，亦有爱好，着重，阐扬与否之分，所以无论何人所作的研讨，那总不免是局部的了。

这段首先提出的是“天神有生死而人是永生”这一简语。——据室利阿罗频多所举《韦陀》之喻，则此一信仰起源甚古，是说人有永生的原则内在，而天神下降于生死中，有其生死。佛乘保持了同此一信仰，但理想是成佛或得涅槃。天神，通常在佛经中译为“诸天”，是多数。诸天若要成佛，便得入此轮回，其投生世间以前，有“额上花萎，腋下汗出，眼目瞬动”等六个现象。在其本界或国土，他是无由得解脱的，而无论他的快乐多么永久，寿算多么悠长，他总有一天得降生，再加修持而成佛。后世瑜伽学中亦同此说，要与“至真”或上帝合一，必须在此世界或人间；因为唯独人有此圣神性灵可与至上神灵合契，而诸天则未有。与至上者合契或同体为一，即是得到永生了。这是本之《韦檀多》学信仰，远追仍至于《韦陀》。所以在东方人看来是常语，因为惯熟此说，不以为奇，而纯用思智的西方学者，便以为绝不可解了。这是任人怎样去思维是思维不出结果的。因为合理的思维于此必求实证，这一主题，何由证明？有何统计？从何归纳？

孔子曰：“未知生，焉知死！”——这答复不是教人不要知死，只管知生便够。这暗许生、死是一体。大易哲学是“通乎昼夜之道而知”。因其“原始反终，故知死生之说”。后儒释此为明此“本体”。“本体”既明，则一切皆通。大《易》于昼、夜，幽、明，刚、柔，生，死等，皆统之以阴阳，阴阳则归于“太极”，所谓“易有太极，是生两仪”。后儒释“太极”即此“本体”，“本体”是一，庄子所谓“通于一，万事毕”者，谓此。此之谓“道”。

《庄子》善言生死，尝假托孔子之言：“仲尼曰：死生亦大矣，而不得与之变；虽天地覆坠，亦将不与之遗（《广雅·释诂·二》，遗，堕也）。审乎无假，而不与物迁（假，至也，谓无去来）。命物之化，而守其宗也。”“命物之化”即“参天地之化育”，“守其宗”，宗即本体（《德充符》）。此外言生、死问题之处颇多，如“朝彻而后能见独，见独而后能无古今，无古今而后能入于不死不生”（《大宗师》）。所谓“不死不生”，合于佛法之超出生死，是解脱道。这亦由于明本体而致，因为生、死，存、亡原是一体。“孰知生、死，存、亡之一体者，吾与之友矣”。凡此之例，不必枚举。

这里却介入了另一问题，即“本位”。道家的修为，焦点在于一“虚无窟子”里。儒家却不离“人”这本位。人是中天地而立，与天地为三才。他既与天地万物为一体，则无论“诸天”或“鬼神”皆没有超出他这“本体”以外。他既与天地万物同为一体，则可推知以格位（status）论，他高于鬼神。因为他知幽、明之故，知死、生之说，知鬼神之情状。古人未尝说鬼神能与天地万物同体，而说于人则能。持此以勘这希腊哲人的名理“天神有生死，人则永生”，亦可见其理之相通了。

《易》又言人与鬼神合其吉凶。孔子曰：“夫大人者，与天地合其德……与鬼神合其吉凶……”自来释乾之九五为人君之德，实际上不必为人君，简单谓之为一理想人格曰“大人”于义已足。此同时表人类中人可有此造诣，即暗许凡人皆可有此成就即有此潜能。这又与印度瑜伽之说相合。“瑜伽”的字义是“结合”，所修为而企慕与之结合者，不是何鬼何神，而是“无上者”或“至真”或“上帝”。——这么反复一思量，则室利阿罗频多所云“永生的原则在人中内在”，以释赫那克莱妥斯的“天神有生死，人则永生”，亦可明其说之同，与我国大易之理初无不合了。

虽然，有学者可以问：纵使东西方或古或今之说同然，不足以起我之信。因为人文是进化的。鬼神原属虚无，没有科学实证。无论是希腊的或中国的或印度的成说，倘若其为同，可谓明智之相通，但亦可说为愚蠢之相类。如今时代进步了，这些迷信皆当弃斥。

这答复是简单的：人要明“道”，真悟得了体验了“本体”，见到了性灵，或“复性”或“见性”，然后于凡此诸说可心知其然而不疑。否则，愈解释则愈纠纷，愈不足以起信。若科学之知，因训练学习而得，则玄学之知，亦因修养证悟而成。存其说而内中自求证解，实是明智而不悖于科学精神。

赫那克莱妥斯还有一《简言》，较此言更明显：“在我们内中是同此一物，为生动与死寂，为醒觉与睡寐，为少与老”（第七十八则）。——其言死、生之为一理，也可明白了。此理即一“本体”，分生、死、动、静、睡、醒、老、少等等而言，理总是这一个，路总是这一条（详释见后）。综合言之，无内外，无老少，彻生死，贯古今，通动静，穷方隅，无非此一“本体”。此即《韦檀多》学之“大梵”或称“自我”，《薄伽梵歌》之胜义。

古人语言文字中所举之对待复词，多是以后者为主，如言“利害”，主旨是言“害”，上一字是衬托（参顾亭林《日知录》）。说“生死”主旨仍是说“死”。释氏所谓生、死，也仍是以“死”为重。儒与释为教的主旨不同，所以相非，至宋明儒者则斥释氏为自私，因为侧重个人的解脱，非大中至正之道。若就大乘佛法而论，则亦大愿弥天，所谓“地狱不空，誓不成佛”，亦已超出个人自度的界限了。虽然，生死或死生，是一常理，或者说是一常事，或说是一通常现象。牒述这一通常现象，或说“生死事大”等，实没有说明什么，是指此一常理而已，亦不足以感人心。为大为小，皆可由人说，若强盗土匪等视死如归，亦不算一会事。

赫那克莱妥斯又立一义，在此所提出的，即“战争是世界的律则，为万物之父，为万物之王”（第六十二则，四十四则）。于此相联的，又有另一则《简言》：“与另外一个争斗的，支持它自体。”（第四十六则）类似者，又说：“分异者，与自体合同。”（第四十五则，依柏拉图“*Sophist*” 242D）“世界的和谐，安立于对反之紧张上，如竖琴，如弓弦。”（第五十六则）——这皆是他的理论一部分或一方面，不是全体。

室利阿罗频多见到此理与《奥义书》中之理相合。《大林间奥义书》（第二《婆罗门书》，一）“太初，斯无一物也。死亡者，饥饿也。唯此遍覆。”（第四，六）“此全世界皆食物与食者而已。”——如此等处，屡见不一见，总归是“为食者又为所食”，是正吃着，吃着，自体又被他者吃掉了。然则有如海水中之生物，一条鱼正吞下另一条鱼，而更有另一条将此吞者与被吞者一同吞掉了。——若以“进程”而论，当然是凡物皆进向“死亡”。黄金似的少年，终竟也是归于尘土。人生的寿命高了一点，便是距其“死亡”又近了一点。凡物是新陈代谢，一年中便有春生秋杀，小年大年，如庄子所说，结果皆是终尽。这不必深说了，宇宙间是如此一事实。在人类中起了“永生”的追求。因为取“永生”为一基本，所以死、生现为流转。

这是牒举了人生事实或现象，同样没有说明什么道理。但这位希腊哲人提出了两个原则，即“战争”与“和谐”，而将其化为通则或世界原则。说“斗争”，正与时下的学说有合，如近百年来的“生存竞争”与“阶级斗争”之说皆是。说“和谐”，则希腊的毕达哥拉斯之求“中和”(Krasis，即两对反者相互融合)，求之于音乐，推之于医理，其说卓立。我们姑且检寻我们中国古代哲学，有何类似之说。倘若这是人生之通则，则古代哲人没有忽略的道理。

“战争”或“斗争”之说，在大易中早已存在，坤之上六为阴盛之极，曰“龙战于野，其血玄黄”。王辅嗣注：“阴之为道，卑顺不盈，乃全其美。”——《后汉书》朱穆传作“卑顺不逆，乃至其美”。意义没有多大差异。——“盛而不已，固阳之地，阳所不堪，故战于野”。《正义》释“固为占固”文言于此则曰：“阴疑于阳必战，为其嫌于无阳也（“疑”古本亦作“凝”），故称龙焉。犹未离其类也，故称血焉。夫玄黄者，天地之杂也。天玄而地黄。”

另一处见于说卦：“帝乎出震，齐乎巽，相见乎离，致役乎坤，说言乎兑，战乎乾，劳乎坎，成言乎艮。”此文不像孔子之言，其后之解释，却说出了一点意思：“战乎乾，乾，西北之卦也。言阴阳相薄也。”《正义》曰：“乾是西北方之卦，西北是阴地，乾是纯阳而居之，是阴阳相薄之象也。”

这与坤之上六意义一贯。可以推知凡阴凝于阳或阳固于阴，皆起争战。《易》道明变化，变化即阳刚柔之相荡摩，相迫击（薄，迫也），相兼并。然阴阳互相争战，亦彼此相需，相成。筮法老阴老阳变，则亦互易。推之于五行，则皆相克相生。“尅”便是“克”，即相“胜”。相克相胜便暗许是相争相斗了。“相生”即是相成。宇宙不息，万化不停，基本落入一简单公式，曰相战斗，相成全。

由此以推，只稍有名相之不同，这一橛希腊思想与《易经》思想，没有什么理实之异。而读《易》坤上六之《文言》者，往往还忽略了一个意思，“夫玄黄者，天地之杂也。天玄而地黄”。另有古本作“天地之杂色也”。添了一色字，则是见理未透，涉下文“天玄而地黄”一语而妄增。“杂”自来训“聚集”，即聚合，但所合者不必一致，或为一色、一品、一类等而已。通《易经》，此“杂”字皆属此义，即今言“错杂”（至若“蒙杂而著”，则是“稚”之误字）。所谓“天地之杂”者，义实即今言“世界万物”或“宇宙万有”。玄黄指“色”而言，即象征此两原则，然亦非实指天色必玄而地色必黄。“龙”是一神话动物，象征“气”，“气”又非是“空气”之气，而是言“运动”或“氛围”。实即言宇宙万有，皆归入此二原则。

《文言》释“其血玄黄”，曰“犹未离其类也，故称血焉”。注谓“犹未失其阴类，为阳所灭”。训“离”为“失”。《正义》却解释较当：“言上六虽阴盛似阳，然犹未能离其阳类，故为阳所伤而见成也”（“见成”，另本或作“见灭”，或作“见血”，皆可毋庸）。则依本经于“离”训“丽”，即今言“附丽”。阴为阳所伤而变为阳，故谓之“见成”，因上六为“老阴”。老阴变而为阳，故亦可释为阳所“灭”。“战”当然是流血之事。历史上最著名的事例，是光武中兴的《赤伏符》：“刘秀发兵捕不道，四夷云集龙斗野，四七之际火为主。”由此凡有战争，总是称之曰“龙战”。

综合《易经》这两处而绎其义指，实许世界万有之创化，有其争战一方面；是争是战，便是相胜相伤，相胜相伤即有毁有灭，此即如唐李筌伪造的《阴符经》所云：“阴阳相胜之术，昭昭乎进于象矣”。亦有如《庄子》所云：“凡物之成也，毁也，无始而非卒也”。但我们若掉转此一语说："凡物之毁也，成也，无卒而非始也"。其理实不异，说相克相生，这里只着重了"相克"一方面，非理体之全。

治易者好言"气数"。"数"且不论，"气"字涵义实觉混茫，似乎无由界说。姑译以近代常语曰"力"，或者较易了解。宇宙间多少种力量，何可胜穷！玄学上分之为两汇，稍成其系统，总归是两方面各在扩充，扩充至极，势必相并吞，相毁灭，亦相成就。小至于人事之微，大至于可能毁灭全世界的战争，最后分析竟皆落入这一公式。这是生命的理实，自有人类以来便是如此。

除非我们记住赫那克莱妥斯的文字的这一有孕蓄的和象征底性格，我们势必将他的思想枯瘠化了，给予以过属文字的义意。赫那克莱妥斯称赞"干心灵"为最明智最佳，但是，他说，心灵之化为潮湿是一种喜乐和慰足。心灵这么倾向于其自然底喜乐，在这一种醉酒的懈弛里，这是应当禁戒的；因为狄阿尼修斯 (Dionysus) 酒神，哈迭斯 (Hades) 即"死亡"之"主"，阴界之"主"，是同此一神。兰纳德教授以为这对"干心灵"的赞词，是对理智的干底光明的称赞，他在此得到一证明，证明赫那克莱妥斯是一理性主义者，而不是一神秘士；可是，够奇怪的，他于这平行义相反的关于"湿心灵"和狄阿尼修斯的表述，又取其复乎不同的事实义，认为对饮酒作道德上的遏斥。必然，不能是如此；赫那克莱妥斯的意思，不能是以"干心灵"为一清醒人的理智，而以"湿心灵"为醉汉的狂荡理智或非理智；他说哈迭斯和狄阿尼修斯为同此一神，也非简单是不可鼓励人饮酒，以为对健康有损害！明显的，像他常是那样，他在此亦运用了一虚拟底和象征底语言，因为他得表达一更深奥底思想，为了那，他感到普遍语言过贫乏而且肤浅了。

赫那克莱妥斯是用了“神秘道”的古语言，虽出之以他自己的新方式且为了个人的用处。他说起哈迭斯，和狄阿尼修斯，与永远燃烧着的“火”，或说起“愤怒神”(Furies),“正义”的救助者，若“太阳”超过了他的行度，可以查出的——皆是如此，倘若我们在这些神名中，只见到流俗神话底宗教中之较贫乏肤浅底意义，我们便失却其深旨了。赫那克莱妥斯说起“干”心灵或“潮湿”心灵，他所思想的不是智识而是心灵（是psuchê，心灵，而不是nous，智识）。“心灵”大致相当于印度心理学上的“心”(cetas 或 citta),“智识”则相当于buddhi（智）；这希腊的思想家的“干心灵”约略相应于印度心理学家的纯洁化了的情心之知觉性（清静心，suddha citta)，据他们的经验，乃纯洁化的智识(visuddha buddhi，清净智）的初基。“潮湿心灵”是那让自体为不纯洁底酒所扰动者，这酒是指识感之欢乐，感情的兴奋，一幽隐底冲动和灵感，其源发自一黑暗底地下界者。狄阿尼修斯是这出自饮酒之欢乐的神，是巴遏士“神秘道”的神，是“梦游者，巫术士，狂饮者，神秘者”的神；因此赫那克莱妥斯说哈迭斯与狄阿尼修斯为一。在一相反对的义度中，印度敬爱道(Bhakti) 的欢乐底诚信士，斥责纯由思辨道的修士之“枯干知识”，是用了赫那克莱妥斯的词句，但在贬斥而非褒赞的义度里。

疏释

这段非难兰纳德教授的解释，以为不当。这有如论理之先“破”他义，然后“立”自义。待说明了这解释的不当，乃充分提出自己的解释，见以上之第二段。

这段没有特殊要说明的，除了关于哈迭斯的信仰。在希腊神话中，哈迭斯 (Hades) 有多个名称，Dis, Ades, Clytopolon, Orcus, Agelastus 皆是。这神是阴界之王，管领地下一界，主死亡和丧葬。凡进到他的国土里的，便不能还阳世，神话里描写他的居处既为幽暗，形貌亦复丑陋，常是一手持二齿叉，另一手持钥匙，坐在硫磺制的宝座上。王后坐在左边，一犬名Cerberus 卧在足下，头上则有女面鹰身之怪物飞翔，三位“愤怒”女神侍于其左，头上皆蟠着蛇；三“纺织女神”(Parcae) 侍于其右，一手持纺竿，一手持纱缍，一手持剪。纱线象征人的寿命，纺成了便剪断。因为这位神狰狞，故没有人为之立庙，然在各处有其祭祀。牺牲用黑牛。白杨树，通常植在墓上之物，及水仙花，象征人生之无常，皆对他为庄严之物。

似乎神话中从来没有说他便是狄阿尼修斯酒神。有之，自赫那克莱妥斯始，然已是离开说神话故事的范围而谈哲学了。可注意的是虽谈哲理，所用的仍多是象征底、摹拟底语言，不同于后世。

这里将“心灵”说为干、湿，诚觉费解。使人感觉不伦不类。但这两名词之后必有一理实，为我们所不知。据兰纳德的解释如彼，但据室利阿罗频多一解释已非常明白了。室利阿罗频多自己说《韦陀》义时，也有“干光明”“潮湿光明”诸名词，体验出自内中，而表述之取材仍出于此。这里有两个希腊字和两个梵文字，稍待解释：

psuchê = cetas 或citta = 心

nous = buddhi = 智

考之佛乘，cetas 或citta 从来译为“心”。buddhi，旧译为“意”，为“慧”，如八十一龙王名，Buddhiko nāgarājā，便译为“具意龙王”。而唐代新译则为“觉”。但这是佛乘中义，他派哲学中亦常用此字，不可一概译为“觉”，仍只合译为“智”。如此间说“清净心”为“清净智”之基，明白易晓。如室利阿罗频多说，这“清净心”便是赫那克莱妥斯的“干心灵”。

倘若我们稍稍变换名相而求其会通（这像是极艰难的事，非集多个专家学者且深有内证的人，共同努力若干年不办，但我们不妨尝试，试求而已），则我们于“心”“心灵”“性”“气”等心理形况，不惯于说干湿或枯干、润泽，而惯于说“清”“浊”。这是语文习惯之异，若以“清”代“干”，以“浊”代“湿”，这便容易明白多了。

“心”字内容非常宽广，姑不概说，据此于psuchê译为“心灵”，“心灵”亦是此“心”。“清洁心”释为“纯洁化了的情心知觉性”，即明净之心知。这只好以境界解说:“干心灵”或“清净心”,是一明明朗朗心知之境界,没有扰浊,昏蔽,姑且加以形况说为“先天的”。用儒家常语说,如“清明在躬”之“清明”,亦即喜、怒、哀、乐未发之“中”。这当然是物来顺应,明朗照物如镜,所谓“纯洁化了的智识”,即“清净智”之基本了。

潮润或“湿心灵”,则可谓已入乎“后天”了,它不清净,起了识感或情感上的扰乱或障蔽,于此文中皆喻之以“酒”,推之则为“物欲”,养之则成“习气”,于是本原之明觉全被掩覆,其归极为“死神”,可想而知了。在此义度下赫那克莱妥斯乃说狄阿尼修斯与哈迭斯是同此一神。

虽然,这以上是依文解义,即室利阿罗频多也只说“干心灵”,大致相当于“清净心”,他没有说恰合相当。这当然是论学时必有的谦辞,不肯说这是最后论断。但我们觉得这解释正是恰当了,因为古今中外有此理之同然。在学佛的人这自然易于了解,因为佛学中“染”与“净”惯常对举,他有依“智”与依“识”的抉择。从来心体没有两个,不论人所学的是儒家或释家或任何希腊的一哲学家之学。因此在原则上诸家必有会通之理,因为理体也是一。由此文字及室利阿罗频多的解释,似乎赫那克莱妥斯以我们的眼光看不是不见道的人。他必然已悟入本体,契会至真,然后说出了这些似谜非谜的简语。至若所出的方式何以是这样,则下段解释是很明白了。历史发展的程序如此,不更赘释。

忽视神秘思想及其自体表现的方法,在希腊思想家——从毕达哥拉斯到柏拉图——的智识思维上的影响，便是乖误人类心思的历史进程。这起初是缄镉于“神秘派”的象征底、直觉底、幽奥底作风和规矩里——《韦陀》和《韦檀多》的见士，阿菲（Orphic）派的秘密教师，埃及的祭司，皆属此“神秘派”。从那帐幔后，循着一形而上底哲学之路——那哲学仍是系属于“神秘派”，由于其基本理念之渊源——出现了其最初的简言式底和晦暗底作风，其企图以智识视见直接袭取真理，而不由审慎底思度以达到真理；但虽然如此，其方法和目标皆仍是智识底。这是在印度的最初“视见”时代（Darshanas），在希腊只属于初期智识底思想家。这以后方涌来了哲学底理性主义的全潮，在印度有佛陀，或佛之徒，与因明哲学家，在希腊则是“智论师”（Sophists）和苏格拉底（Socrates）及其全部光华之苗裔；智识方法诚非在他们起始，但臻至于其本来面目，生长到充实美满。赫那克莱妥斯属于过渡时代，不属于理智的午潮；他甚至是最特著的代表。因此有他的幽奥底作风，因此有他的简短又重荷了的思想，而我们若要弄清楚他的意思，要全般将其理性化时，便感到困难了。忽略了“神秘派”，我们的远祖（pūrve pitaraḥ），是我们的思想进化的近代叙述最大缺点。

疏释

以上所译原文第一分凡八段竟。

二

什么正确是赫那克莱妥斯的思想主调？他的出发点在哪里？或者说，他的哲学的大纲是何者？因为，倘若他的思想，未尝发展于后世思想家的严格系统化底方法里，倘若其不像柏拉图的那么样，以微妙推理和丰富想象，长江大河似的倾注，而是以离散底简短文句，箭似的瞄向真理，仍然，那皆不真实是散漫底哲学观照。其间有一联系，有一相互依倚的性格；皆是逻辑地出发自他于生存本身的基本观念，又皆回到那，以得其恒常底是正。

疏释

此章初段寻求赫那克莱妥斯的思想纲领，凡研究哲学者，皆如是。所谓“先立乎其大”。自来立义标宗者，亦皆如此。否则必堕入支离。这里追讨其于“生存本身的基本观念”，生存即“存在”，换言之，对世间万事万物，有何种见解——宇宙观与人生观双摄。

二

像在印度哲学一样，在希腊哲学中，对思维的第一事，便是“一”与“多”这问题。我们遍处见到事物与有体之多；这是真实呢，或只在现相上或现实如是？（是“幻有”呢，或姑“就事而说”(māyā，vyavahāra) 比方说，一最切近关系我们的问题，一个人是有他自己的真元底和永生底存在？或他简单是在某唯一原始原则，如“物质”“心思”“精神”，即生存之唯一真底真实、之进化或活动中的一现相上的倏忽迁化的结果？一体性是否全然存在？而且，倘若是的，这是总和之一体呢，还是原本原则之一体？是一结果呢还是一初源？是全体之一，还是本性之一，或还是真元之一？——即“多元论”“数论”“韦檀多论”各个的据点？或者，倘若“一”与“多”双为真实，这有体的两永恒原则间的关系为何？或者，调和于超出这两者以外的“绝对者”中？凡此，皆不是枯索底逻辑问题，不是云雾似的形而上的抽象之论战，如实际和感觉中人要我们鄙视地相信的；因为，我们对上帝、生存、世界，和人生与命运的概念，皆依乎我们对这些问题的答复。

疏释

这里提出“一”与“多”的问题。深透的讨论，亦当求于柏拉图（兹附于第七分“疏释”之末）。虽然，首先略释此中梵文二字：

（一）“摩耶”，māyā，即“幻”，或“幻有”。非独佛法，视世间万事万物如空花水月，即印度教新兴之大论师商羯罗 (Sankarā carya)，亦一大摩耶论师。

（二）“就事”而说，vyavahāra，即就惯常说。寻常习惯见解不必就是真理，如说太阳出东没西，是绕地球转，但科学见解不是如此。这当然是俗谛，就实际有其用处。亦可曰“现实”，与“真实”异撰。

这里提出三个哲学名词:（一）“多元论”，这几乎不必解释，尽人皆知。希腊的恩佩朵克列斯 (Empedocles) 其说见下段，安那萨葛那斯 (Anaxagoras)，皆属此派。大抵承认宇宙本体虽无始无终，然其真实体不止一种，于是多种原素相合相离之说遂起（按: stoicheion 原义为“字母”，后译“原素”[elementum]。然其在哲学概念上亦早确立不诬）。恩氏谓之为“根”，安氏谓为“种子”，皆为永恒而无由变化为他物之原素。由是则亦无生 (genesis) 亦无灭 (phthora)。而世间万事万物之有生灭，如识感之所得者，则由于合与离。此原素据恩氏则为火、风、地、水。（“风”谓“空气”）虽亚里士多德亦尝采其说。据安氏则每一“种子”中含万物，所以各异者，在成分不同，凡物皆因其中成分之多而异，而得名。譬如雪中黑、白双有，以其中白之成分多，故谓之白。凡燥、湿、寒、热等皆如是。故万物皆非断然割离，实为互在。于此，已可见其所谓多元论，已暗示“一性”之存在了。

大抵多元论之有一性，皆指其总和，其原本原则为多。我们通常忽略了这多元论的效果，即其启发了现代西方物质文明。化学原素发明到八十九种，已为明著。东方哲学虽有论“极微”者，终未尝产出这种科学。至若莱布尼兹 (Leibnitz) 之“单元”论 (monadology)，亦属多元论，则系纯精神元，兹不具论。

（二）“数论”，Sankhya，音翻“僧佉”。这是古印度哲学，唐代已有译述，见于《唯识述记》及《金七十论》。数论标“神我”与“自性”并存。其所谓二十五谛，即：

（1）自性，prakṛtiḥ，即“胜性”，pradhānam，亦称“冥性”。未生“大”等，但住自分，名为“自性”。若生“大”等，便名“胜性”。

（2）大，mahān，“自性”相增，故名为“大”。

（3）我持，ahamkāraḥ，亦译“我慢”“我执”，皆不确切。

（4）五唯量，Pañca tanmātrāni，谓声、触、色、味、香。

（5）五大，Pañca mahābhūtani，谓地、水、火、风、空。

（6）五知根，Pañca buddhīndriyāṇi，谓眼、耳、鼻、舌、皮。

（7）五作业根，Pañca karmendriyāṇi，谓语具、手、足、大便处、小便处。

（8）心平等根。

（9）我知者即“神我” (Ātman)。

此之谓二十五谛。其“自性”有“三德”，即“萨埵性”(sattvam)，“剌阇性”(rajaḥ)，“答摩性”(tamaḥ)。此“三性”见于《薄伽梵歌》，略有解说。

唯识家及因明师等，对此攻击不遗余力，由于信仰之不同。如实，“数论”本身不是完全美满，但它不失为一极有效用之实际哲学，为用于精神修为，而不可以因明方式陷，不可以文字语言执。“神我”或“自我”是长久修为之后由内中证悟而得，它根本超出那些“有思虑无思虑，有作用无作用，是我见境非我见境”等问，那是愈问愈不得知，愈破愈不得当。公正态度是研究而存其说，以求其悟解。

虽然，于此乃讨论哲学，仍当于思辨中加以研寻。就其“神我”与“自性”分立而言，可谓为二元论。就其“五大”之说，在希腊哲学的意度下观之，亦可谓为多元论。其“三德”（亦可谓“三性”）贯彻一切，则其有所谓“一体性”者，乃属“性之一”。——若更就其同于希腊哲学之处而论，此“三德”初不异于希腊亚里士悌普斯 (Aristippus, 公元前五世纪时人，年稍长于柏拉图。苏格拉底饮药取尽时，彼亦侍侧）之“震动”说。其说谓凡知感为“动”，若动为温和，则其果为乐；若动为躁激，则其果为苦；若无动则不感乐亦不受苦——此则于内容恰当于数论之三性，竟可假定其源出自人生之苦、乐、俱非三境。但在此希腊哲学，犹属主观经验，在“数论”则推之于万有以成其宇宙观。亚里士悌普斯之说，原承普大戈那斯 (Protagoras) 之“人为万物之量”一说而来。然其所谓“乐”亦即是“善”，乃高深伦理哲学，往往后世误称为享乐主义。

（三）韦檀多 (Vedānta), 这在梵文是两字合成：一、Veda, 即《韦陀》; 二、anta, 即“结末”“终了”。合成一

二

字之义为“《韦陀》之末”或“《韦陀》之终”。指一大宗哲学，在古代师徒密相传受，其典册即诸《奥义书》。《奥义书》至今传世者，有一百三十多种，或者尚有秘传而未出者，则非印度教中人不得而知，即该教中人亦未能遍知，山椒水涘所藏之秘，何所不有！然其大要及菁华皆见。

就其主旨言之，《韦檀多》学可谓一元论，宇宙间只一“大梵”，“大梵”亦即是“自我”，这在思路上，可分其“超上”“宇宙”“个人”三面。论宇宙本实若层级而分，则为“真，智，乐，超心，心思，生命，物质”七原则。澈上澈下只有一事曰“知觉性”。名相之殊无数，修为之道多途，要归于“一”，此“一”或谓“至真”，或谓“精神”，或谓“上帝”……即“此”，在华言，此即是“道”。

然则其所谓一性或一体性，乃“真元之一”了。这里可附带略说时代上的事：在印度学术上，考史工作难为，因所据材料难定。必借助于希腊史料，波斯史料，中国史料，挽近则当参考英国史料。在其本土方言凡一百五十余种，于今宪法所认定的语文凡十四种，所以又有文字上的碍限。其他宗教与族姓之障隔颇多，婆罗门教的道理，从来不传非“重生者”，耆那教的典籍，优美丰富，从来不许教外人得窥。佛教典籍近世稍有发现，犹有待于启发。

就其大致可说者：《韦檀多》学发展在《韦陀》盛行之后，可谓去古未远。佛与耆那之兴起在后。六派哲学之兴又在其次，六派有包括佛学者，亦有不列入者，而《韦檀多》之立为一派哲学，则列入六派之中。“胜论”“数论”皆在其中。“瑜伽”一派则起源虽古，然与“因明”一派，同属“经典”或“修多罗（sutra, 亦翻素呾览）时代了。“前、后《弥曼萨派》”，约略发展于古《韦檀多》学之后。——附带说起这时代问题，因如上所举“五大”与希腊之“四大”等说那么相同，是谁影响了谁，或同发自一更古的渊源，或彼此无关系而各自发展其学而偶然相合呢？希腊亚力山大东征，在公元前326年，随军有若干希腊学者，曾与婆罗门有过学术讨论，或者不难推定其知识之互换。这史料可据。思想之互相影响是今古同然的，而且，若真有一原始思想之勃兴，它“速于置邮而传命”，重要是解释“如何”或“怎样”这问题，即求其间之关系，此中消息，甚待研讨了。

如兰纳德先生向我们提示的，赫那克莱妥斯于此与安那玺曼德（Anaximander）不同，那哲人是像我们的幻有论师一样，否定“多”之实有真性，又与恩佩朵克列斯（Empedocles）不同，那哲人是以为“大全”交互为一与为多，信仰一体性与多性两皆是真实而且同在。然则存在，永恒是一又永恒是多——甚至有如罗曼鲁遮（Ramanuja）与摩达洼（Madhwa）所结论到的，虽在一甚为不同的精神里，又出发自迥乎不同的立场。赫那克莱妥斯的观念，出自他对事物的强健底具体底直觉，他对宇宙真实性的敏锐识感；因为在我们对这宇宙的经验上，我们诚然时常发现这永恒底同在之不可分，而且不能真实离出它。无论何处我们凝视于“多”，遂向我们启示一永恒底一性，不论我们认定那“一性”的原则为何者；可是那一体性除非以其形式与能力之多性亦无由活动，而我们也不在何处见到此一体性唐无或离出其自体之多性。一“物质”，然多原子，多原质，多个体；一“能力”，然多种力量；一“心思”或至少一“心果本质”，然许多心思有体；一“精神”，然多灵魂。也许依周期，这多性还复，或消归，或被合并于此“一”，原来由之外发者；但仍然，多之已外化又再内入，这事实使我们不得不假定其有一赓新底进化之可能，或甚至必要：然则它非真实是消灭了。“不二论师”以他的瑜伽而还到彼“一”，感觉他自己合入了，相信他已经除弃了“多”，也许证明“多”之不真实；但这是个人的成就，是“多”中之一的成就，“多”，仍是继续存在下去，不顾怎样。这成就只证明有一层知觉性境界，其间心灵能够实践“精神”之一性，而非徒以智识见到，却不证明其他什么。因此，在这永恒底一性与永恒底多性之真理上，赫那克莱妥斯固定且止泊他自己了；由他对此之坚定接受，不是将其以推理推除掉，而是接受其一切后果，乃流出了他其余的全部哲学。

疏释

此段略有几个名词得加注释：

（一）安那玺曼德 (Anaximandros)，是初期希腊哲学家，生于公元前611年或610年，卒于公元前547年或546年，是最古以散文写哲学论著的一人（其后之Parmenides与Empedocles，仍用诗体，可算例外）。他的对宇宙的看法，是有一“无限者”(apeiron) 为万事万物之始 (archy)，而万事万物散坏后还入其中。但此一原始之物，既非后世所谓四大原素所成，亦非风与火或风与水间之中介物，又非各不相同之质素之混合。此一原始之物，无所从来（不生），亦无消灭（不灭），其运动为永恒（常）。永恒之运动即常变，变谓之分别或分离而出 (ekkrinesthai)，于是种种物质皆起，最初为寒与热之相离，由此二者生湿，由湿乃分出空气与土地；火则为一圆球外壳而包裹此地。地球最初为液体状态，渐干乃有生物出现，始有人类，最初为鱼形而生活于水中，后乃离水而生活于陆地，由于进化的发展。

此一“分离”说似出乎古希腊通行之“对反”观念，即物质界处处可见之现象，与寒、温、干、湿等。换以吾华古代名相说，则仍是“太极”剖判而为两仪。一阴一阳，彼此对反。然安那玺曼德谓世界有新生与坏灭之循环期。其所以坏灭者，是因为得返于此一原始之物，以弥补或报偿其彼此相反对之失，此则为“时间”所命定者。安那玺曼德的著作，不幸很古便遗失了，今存的只有断片，及他人之引据。由此一斑而作推测，则其否定万事万物之

“多”的真实性，亦复无疑，何者真实？只有那“原始之物”。

（二）其次，略述商羯罗之“摩耶论”。宇宙间万事万物之多，皆“幻有”即“摩耶”。其所有唯一真实，则为“大梵”。若见“大梵”之真实性，则“摩耶”不起。通常吾人以万事万物为真实，乃误知或“无明”。譬如暗中见绳，以为是蛇。“无明”无始，为个人流转生死因，误以我为作者、受者等故。

世界万事万物既皆是“虚妄”，皆“外附”，皆“幻有”，则非绝对无物。世界有相对底存在。——于此商羯罗曾自加设难而与以解答（见《大梵经疏》初分，外附疏释），颇有名。

其诘难主旨：“主、客有分别。主体与客体无由为同一。其相对有如光与暗或我与汝。主与客之体既分，其彼此各有之德性亦无由使人认为同一。若以客体及其德性外附于主体，则不合因明推理，反之亦然。今认定主体之真元为纯粹智，则何能有此外附？

若宇宙万象皆为外附，如绳上之蛇，则谁附于谁？是宇宙万象外附于“大梵”呢？抑是“大梵”外附于宇宙万象？

若“大梵”外附于此宇宙相者，则此为主体之宇宙为真实，如绳。若宇宙相外附于“大梵”者亦不可能，“大梵”非可以识感得故，如绳（异法喻）。

“大梵”既是无极，则不能为识感之对象，不能为外附之基本。

“大梵”又是凡人之自我，故亦不能与人分别，如绳（异法喻）。

“大梵”亦不能为思想程序中之主体与客体，盖同一物不能同时为作者又为受者。受者受所作为，必与作者异。

经教皆云：“大梵”乃自体光明，无有极限。若使“大梵”为他种知识所显示由是而为客体者，则必不复为自体光明，且必化为有极限。此与经教相违。

进者，凡于外附，必先有对客体之真知，如蛇，必先知蛇而后妄计绳是。故外附此世界万象于“大梵”，必先有对世界万象之真知，此则使世界万象化为真实。其为虚妄之相必止。所谓解脱必不可能。

是故结论：“无论如何建立之外附之说，皆不可能。”

其答复主旨：人以“无明”，自然不分主体客体；主、客原自相对。不分，乃附此于彼或附彼于此，而混淆真者与非真者，曰“此为我”“此为我所”……（“我所”谓“我之所有，所为”……）

自我非完全为一非客体，盖此为私我所计度之一对象。非全出乎吾人所摄以外。

而内中“自我”非客体或对象，无部分可为分合。然由“无明”故，乃妄加以诸识、诸根、身……此皆“无明”所生物，外附于“自我”者。于是妄意有作者，受者，有部分，为多；于是妄化为客体为对象，实则皆非。真“自我”永非知识之对象。“自我知觉”仅对于已为此等“虚妄”形况之自我乃有可能。

二

此则似有“循环论证”之失。盖建立外附之说，必承认自我为对象，而自我之能为对象，又必藉此“虚妄”之外附。实则不然。如种子与树，种生树，树生种，如此无穷。

“无明”无始，不可说。自我为今之外附之基本者，乃由过去之外附使然，过去亦以自我为对象，由更过去之外附。由此推至无穷。

纯粹“自我”，无有虚妄，无有范限，初非外附之基本。是由在有范限与能范限之“虚妄”中作分别，乃使“自我”同时为作者为受者。

复次，外附由于“无明”，对能附客体之知非真知。吾人之知，不必然为真知，亦可为妄知。

“自我”之存在，由直知而得；非此存在，则世间无可识之物。吾人在其中且由之而知识事物；离此，则任何知觉或经验皆不可能。凡人皆觉知于一己，无人说“我非是”或“我不存在”。——此皆诸《奥义书》反复言之者。

复次，为外附之基本之对象，不必当于吾人之前。如天空，非识感所得，而凡夫以为外附之基本，加以蓝天，球形等云谓，曰“天是蓝色，球形……”云云。

“由是外附为一固定事实。”

似此辩论尚多，不必胪举。此说“大梵”即是“自我”，几乎是诸《奥义书》的唯一主旨，谓之“大梵明”亦即“自我明”。——这问题必然牵涉知识论。知识或经验之知识，不必即是“明”，“无明”不是缺乏知识，而是妄知。“明”是实际之证悟。如前所说外附，商羯罗云：“由于记忆，前已观察之物对另一物现似之表呈，谓之现似，仍是妄知。”换言之，即某一物之功能相状等，现似表呈于另一物上，然则此知必然无效，此事物对象必非真实。真实与非真实对，“真”依自体，以自性而显，“非真”依他，为非实之相。如见镜中目光，以为是水。——“弥曼萨”派以为如此喻言，镜中反射，似为月水，然而无水，故吾人于此现象之经验，不能为水，然究竟不能说镜中之水非真，以其能为经验所得故。该派以为凡非真实之物绝不能为经验之对象，凡知识皆真，无有所谓“妄知”，而凡一切知皆有其内在之有效性。盖凡知在吾人内中能生决定之感，其时吾人对此无疑，非然，吾人必常在疑惑中而无决定之知。故在一时中凡知皆真，而其后之经验可表此知之误。是故镜中之水非真、非不真，亦不能同时为真又不真，吾人必承认此乃出乎吾人之了知以外，为“不可说”。此反适合于商羯罗之论，镜中之水相依他，即在余处尝见水而有水之习见 (Samskāra，此在佛乘中尝译曰“行”，亦曰“余气”，即十二因缘中“无明缘行”之“行”)。真者常，非真者非常，“大梵”为真为常。“摩耶”及其所起假定皆存于“大梵”中者，皆非真，故常变。然亦由吾人之经验得。——然则世界之相非真，非非真，非亦真亦非真，故“不可说”。

此“摩耶论”又称“幻有论”或“幻相论”(Vivarta-vāda)，又称“不可说论”(Anirvachaniya khyātivāda)。

（三）罗曼鲁遮 (Rāmānuja) ——公元1027年，生于Sriperumbudūr，地在南印度，为一伟大印度教师，撰有

《韦檀多疏》等五种。所倡者，通称“胜不二论”(Viśist-advaita-vāda)，即“殊胜之一元论”也。平生主要事业，乃阐扬“敬爱道”(Bhakti)，恢复毗搜纽神庙，在南印度行化，收弟子甚多。

摩达注 (Madhva)——（又名圆满智[Pūrṇaprajñā]，又名乐贤[Ānandatīrtha]）生于公元1199年，为乌提毗 (Udipi) 人。乃二元论师，亦印度教中后起之一领袖。其师之学虽出自商羯罗，然彼反对商羯罗之“不二论”甚力。其意见多有与罗曼鲁遮相同者。顾其“二元论”实谓永恒存在之元体为三：一上帝，二心灵，三世界。而后二者依于前一。然主旨在于“分别”，如谓上帝与个人心灵别，与物质别，个人心灵亦与物质别，而此心灵与彼心灵别，物质之一分与另一分别。由此可见宇宙非上帝之体，以此成其纯二元论。

罗曼鲁遮以“胜不二论”立场划万有为思想与物质二类，而此二则结合于一“绝对者”，即具体底有机之全体，凡其诸部分及其间之原素，皆由内具于其中之一无上原则而存在，其一体性既非同一性，又非诸分之综合，然概括一切分别与关系。此即室利阿罗频多所指，谓其以“生存永恒是一又永恒是多”。摩达注虽说三元之五大分别，然而谓“大梵”（上帝）是唯一而无二，此为独立之一真实性，故亦达此永恒为一为多之结论。然罗曼鲁遮实企图将一与多“调和于一（绝对者）中”（如上段所云），然绝不圆满。设若谓其“绝对者”为一超上无变易之存在，则亦无时间性，无历史，又将如何包括时间程序与世界进化？故除非其“绝对者”为一永恒进步之完善化，则其说终不圆满。

这里，还得赘一语，即所谓“不二论”(Advaita)，微异于所谓“一元论”。“不二”义是“唯一”，因为通常说上帝不会说有两个。若谓上帝在宇宙中，宇宙与人在上帝中，究竟与上帝不同。所以说“不二”是着重“无分别”义，不是“唯一”义。谓上帝充周宇宙，竟如此圆满，似与之无分别，此之谓“不二”，此说开印度教中其他诸派，如“能力”(shakti) 崇拜等。

但仍然，我们能更进一步之先，还留有一个问题待解决。既有一永恒底“一”，那是什么？是“力量”，“心思”，“物质”，“心灵”？或者，“物质”既有许多原则，是或“物质”的某一原则乃发出了其余一切，或由其自体活动的某种权能，乃变成了我们见到的这万有？古代希腊诸思想家，认定宇宙“本质”具有四个原素，除弃了或尚未达到第五个“空”(“以太”，Ether)，据印度的分析认为最初一原始原则者。在寻求这原始质素的性质，他们便认定这四者中之任何一个为原始“自然”(Nature)，这人见到是“空气”(“风”，Air)，那人以为是“水”，而赫那克莱妥斯，有如我们所见到的，叙述或象征万事万物之本源与真实性，为一永是燃着的“火”。他说：“未尝有人或神创造了这宇宙，从来只有、而且今有、而且将有永远燃着的‘火’。”

疏释

“空”(ākaśā),确是印度哲学所独具,如“胜论”哲学的九“实”,以之为第五,即地、水、火、风、空、时、方、我、意。若地球上的“空气”,则希腊之恩佩朵克列斯尝作其“水钟”(klepsydra)实验,证明“空气”可排水出钟,抽出空气之后始可入水。然所谓“空间”或“无有”之观念,则与巴门尼迭斯(Pdarmenides)同说,盖以为不成立也。是此所谓“空气”,乃“风”或“风大”。然恩氏曾说“空隙”(pores)有在于原质中,如水与酒易融合,水与油则否。关键在此等“空隙”或“过道”组织之匀称性云。

附带可说,说“空”为九“实”之一的胜论师惠月(Matichandra)大致是公元后六七世纪间人。而恩佩朵克列斯时代,则当公元前495年或490年,至435年或430年。前后相距约一千年。倘是同一理论,则千年后者较千年前者为进步,完整,亦无足怪。但没有历史证明此胜论之说,如其说“极微”等,必出自希腊哲学。——毋庸说,所谓“四大”或“五大”,没有一个是所谓“原素”。以文化史眼光看皆有其价值,就科学真理说皆是荒唐之言。中国说“五行”,“土”相应于“地大”,“火”“水”相同,无“风”与“空”而有“金”与“木”。所谓“五常之行气也”,着重似乎是说五者各有其“气”,则亦原本不入乎物质界而自许为科学之真理,犹可谓非荒谬之至者。然说“气”便着重其“运动”面,此即所谓“行”。倘使视物质皆为“震动”之聚集而成其分殊,则亦可自成其说。此属玄学范围，乃精神人物之所乐道。

在《韦陀》，在“神秘派”的早期语文中，普通是“本质”的原始原则或原素诸名词，皆清晰地用在象征义度里。在《黎俱韦陀》中，水的象征是这么常用的。说是太初从无心知的“海洋”中，“太一”以“他”的能力之浩大而出生了；但从这颂词的文字看，很明确的不是指物质上的海洋，而是指无心知体的一未成形的混沌，其间“神圣者”“神主”，隐藏于黑暗中，封裹于更大底黑暗里。生存的七个活动原则，亦同样说为河流或流水；我们听说七条河，大水，四条上方的河流，在其前后文义中皆示出其象征底意义。我们见到这意像固定于后代《古事记》的毗搜纽 (Vishnu) 的神话里，说他睡在牛乳海的“无尽”长蛇上。但即是最古如《黎俱韦陀》，“以太”已说为“无极限者”的最高象征，即希腊的 apeiron; 水，是那同一“无极限者”的象征，在其为原始本质一方面；火，是创造权能，“无极限者”的活动能力；风，这生命原则，说为从诸太空之天上将火取下到地上者。可是凡此皆非徒然是象征。明显的，《韦陀》的神秘派，以为心灵的活动和身体的活动间，有一切近的联系和有效用的平行性，比方说，在“光明”之作用与心思明朗化的现相之间；火，在他们同时是光明底神圣能力，是宇宙“神主”的“见士意志”能推动且创造万事万物者，又是物理原则，能创造宇宙间物质底形式，在一切生命中秘密燃烧。

疏释

生存——或说“存在”——的七个活动原则，象征为七条河，或七道光明，则指下半球的物质、生命、心思，上半球的真、智、乐，而中间介以一超心思。

早期希腊哲学思想家，在他们关于原始原则的概论上保存了某个这种复杂概念到什么程度，这还有可疑。但是赫那克莱妥斯在他的永远活着的火一概念中，明确是有一理念，多于为一物理本质或能力者。火，在他仿佛是一伟大底燃烧着的能创造、能形成、能毁灭的能力之物理方面，凡以一恒常不息的变易为进程者之总和。“一”永恒变易为“多”，“多”永恒变易为“一”，然则那“一”不怎样为一安定底本质或真元，而是活动着的“力量”，一种本质底“变是之意志”，这理念乃赫那克莱妥斯哲学的基础。

疏释

本文至此乃将赫那克莱妥斯的哲学基本说出。“变是之意志”即Will-to-become。拙译通常于Will-to-be 则作是“是为意志”，与此同列。

尼采 (Nietzsche)，兰纳德先生适当地以为传承了赫那克莱妥斯的思想。尼采在近代思想家中最为生动，具体，而且有提示能力的，正如赫那克莱妥斯在早期希腊人中一样，将他的全部哲学思想，建立在这概念上：以为存在是一浩大底“变是之意志”，而世界为“力量”的一活动；神圣“权能”在他以为是能创造底“语言”，万物之原始，生命之所企慕者。但他只肯定“变是”，而将“有体”从他的事物观除外；在此他的哲学终于不使人满意，不充分，一偏；它使人兴奋，但未曾解决什么。赫那克莱妥斯不将“有体”从存在的问题的论据上除开，虽则他在那与“变是”之间，不会立什么对反或划下什么鸿沟。据他的概念，以为存在同时是一是多，他必然得承认他的永远活着的火的这两方面同时为真实，互在为真实；“有体”是一永恒底“变是”，而“变是”亦自消归于永恒底“有体”。一切皆在流动中，因为一切皆“变是”之移易；我们不能两度涉足同一流水，因为是另外底水和更另外底水流去了。可是，以他看事物之真理的敏锐眼光，虽他主要注视存在的这一方面，他不能不见到在其后面的另一真理。我们所涉的水，是又不是同一的；我们自己的生存是一永恒，又是一不恒底暂现；我们是而我们亦不是。赫那克莱妥斯不解决这矛盾；他牒出了且在他自己的方式上试行作其进程的一点叙述。

那进程，他见为一恒常底变易，和一变回，一互易与一交易，在一恒常底大全里——此外为许多力量之一冲突所驱策，为一能创造且能决定的斗争所管制，说“战争，即万事万物之父、之王”。在“火”之为“有体”与“火”之于“变是”之间，生存划出了一向下运动和一向上运动——（“流转”[pravṛtti]与“还转”[nivṛtti]）——被称为“归返之路”，一切皆行于其间。凡此皆是赫那克莱妥斯思想的主要理念。

疏释

这段提出尼采 (F. Nietzsche, 1844-1900) 。略可窥其哲学大凡者，有译本数种，可供参考者：

(1)《尼采自传》(*Ecce homo*)

(2)《朝霞》(*Morgenroete*)

(3)《快乐的智识》(*La Gaya Scienza*)

(4)《苏鲁支语录》(*Also Sprach Zarathustra*)

（皆梵澄译，第二次世界大战前上海出版）

这里有一极普通底名词，然在华文未免感觉生拙:“有体”,Being, 这不好译为“是体”,只好说为“体”,或“有体”，有时亦译作“本体”。而Becoming 则译为“变是”，其与“有体”分言，亦同于“体”“用”分说。

文中举出了几个主要理念。如“你不能两次涉足于同一流水里”（乃其《简言》之第四十一），这便是说我们皆是、又皆不是我们。这使希腊同时代的一位诗人兼剧作家耶毗霞母士 (Epicharmos) 开玩笑，使一位负债的人说出这话，因为借债之时另是一人，要还债时是另一人了，为什么要另一人还债呢？一切皆在变，瞬息瞬息在变，这是赫那克莱妥斯所明见的，于是一物变为另一物，在理论上可推知为什么同一本性可出现于不同的情况里，而且其形式可变到正相对反。宇宙之本性为

"火",然其变化之形式有三:从"火"出"水",从"水"出"地",是自上而下,相反对一路,便是从"地"出"水",从"水"出"火",是自下而上。"向上向下只是一条路"(《简言》,第六十九则)。

此文中举出变易的四个方式:

(一)常变

(二)变回

(三)交易

(四)互易或"通易"

"交易"(exchange)与"互易"(interchange)似乎没有什么不同。但可作性质与价值等之同异之分别。中国讲《易》学的,至清儒毛奇龄始将这些分辨标出。论其理实,于六十四卦中全皆具备了。玩《易》者于此可一目了然,欣其同似。

三

赫那克莱妥斯有两句简言，作为他的全部思想的出发点。那便是他说承认万事万物为一是智慧，以及他的另一说，"'一'出自一切，一切出自'一'"。我们应怎样来了解这两句内容充实的话呢？是否应将其参互解读，结论到赫那克莱妥斯，"一"只当作"多"的结果而存在，甚至有如"多"只为"一"的变是而存在呢？兰纳德先生似乎是这样想；他告诉我们只说这宗哲学否定"有体"，只肯定"变是"——有如尼采，有如佛教徒。但确实这于赫那克莱妥斯的永恒变易论，解说稍觉过分了，过于专就其自体为说。倘若那便是他的全部信仰呢，则难于见到他为什么还要寻求一原始永恒原则，那永远活着的"火"，以其长永底变易而创造一切，以其"雷电杵"的火力而管制一切，以周期底大焚烧而将一切消归其自体，亦难说明他的上道与下道的理论，又难于承认兰纳德先生所争论的，认为赫那克莱妥斯确实曾持一宇宙焚销之论，或想象这么一宇宙底大灾难的结果可能是什么。将一切变易消归于“空无”？必然不是的；赫那克莱妥斯的思想正居于思辨底“虚无论”的反极。入乎另外一种变是？显然不是，因为由于一种绝对底大焚烧，凡存在的万事万物只能消归于其永恒底有体原则，归于阿祇尼，回到永生底“火”。某事物为永恒者，在其本身即是永恒，某事物永远为一者——因为这宇宙永恒是一与多，且不因变是而终止其为一——某事物为上帝（宙斯）者，某事物，可想象为“火”，那倘若是一永远的活动力量，却仍然为一本质，或至少是一本质底力量，不徒然是一抽象底“变是的意志”——某事物，一切宇宙变化由之而起，又返于其中，这，除了是永恒底“本体”外还是什么？

疏释

释氏亦尝言“一即一切，一切即一”。——“一切”即所谓“全”或“大全”。这亦复是左右双得之论。——若细究原本辞义，“一切”之解为“大全”，似乎至唐时始有。汉代之所谓“一切”，义为“普通”或今言“一般”，暗涵“权且”“目下”之义。古籍中这类例子不少概见，而古今辞义微变，是惯常现象。——但释氏非如此中哲学之探讨宇宙本源，作客观对象研究。而且，诚如此文所言，倘若着重了变易而忽略了本体，必致落空，或者，入乎推测底“虚无论”。大概自人类始有哲学思考即有虚无论的萌芽，不但佛法中说、道家说，即古希腊哲学亦说及虚无，禅宗之说“一即一切，一切即一”成了口头语，除非于“本体”有所证悟或于“一”有所实践的人，此“一”总不免起空虚之感。但在释氏这无妨其为口头禅，因其极归另有所在。自来有说佛法之非哲学，亦于此可见。

(《简言》第五十九则）——“一切出自一，一出自一切”。——或可说“一出自万有，万有出自一”，这里“即”与“出自”义虽不同，然理致无二。

于赫那克莱妥斯，大大是他的永恒变易之理念先事为主，这在他是宇宙的唯一正确叙述，但他的宇宙仍有一永恒底基础，一独一底原始原则。这基本地辨别了他的思想和尼采的与佛徒的不同。后期希腊哲人，从他挹取了事物为永远长流的理念，“万事万物皆在流动中”。宇宙为一恒常底运动与不息底转变，这理念常是在他面前，可是全在其中亦在这全体以后，他也见到一恒常底决定原则，甚至一神秘底同一性原则。他说每日是一新底太阳升起；是的，但倘若太阳常是新底，徒以时时变易而存在，有如“自然”中一切事物，却仍然是这同一永远活着的“火”，每晨升起为此太阳形式。我们永不能涉足入同一流水，因为永远是另外底水和又另外底水在流；可是，如赫那克莱妥斯所云：“我们是而又不是入乎同一流水，我们是而又不是我们。”这意义是清楚的；在万事万物中有一同一性，在一切生存中，在“一切众生”(sarvabhūtāni)，正如有一恒常底变易；有一

“本体”正如有一“变是”，由此我们有一永恒底和真实底生存，亦如有一暂时底和现似底生存，皆不徒然是一恒常底变易，而是一恒常为同一底生存。宙斯存在，一永远燃着的“火”，一永恒之“言”，一“太一”，万物皆以之一统，一切律则和结果皆永远决定了，一切度量皆不可移易地保持了。“昼”与“夜”为一，“死”与“生”为一，“少”与“老”为一，“善”与“恶”为一，因为那是“太一”，凡此皆只是其各种形式和相状。

疏释

赫那克莱妥斯论太阳之说，颇为独特，于此可略加补充。

每日升起的是一新太阳，因为太阳有如一船，其中所收集的火，在日暮熄灭了，然在夜里又从海水蒸气收集了火，在早上炽明起来。依他的理论，火是因水所吐的气而得其养料，而水气又是由火之热力而生。若使无水则不能有火；若使无火，则水亦不能化气。太阳当然是火之最纯洁者，其他天体之发光者，皆火，如燃于盆炉而运行于天，要之得其养料于土地所吐气亦即海洋之水气。至若月之盈缩以及日、月蚀，皆因此等火盆倾斜位置之转移。

进者，“燃烧”乃人生及世界之关键，火焰之长明在乎气体之燃烧，而燃烧之结果乃化出烟与水气。于是乎火焰之安定性，依乎所燃烧之气体之“量”，及消灭于烟中之火之“量”。

世界是一“永远燃烧着的火”(《简言》第二十则),则永远不熄灭,亦即转变之无止息,即宇宙大化之陶钧万类之无时或休。但于此有“度量”,因为燃烧着的火与熄灭的火之“量”相等(第二十则)。火消耗其养料,亦必同时吐出其所消耗者。于此可谓其为永远之“交易”(amoibe-exchange),如金之变易为金器,而金器之复为金(第二十二则)。而此“度量”是定律,不可逾越的。“太阳不会越轶其‘度量’;若其越轶了,‘公正’的助理,耶林涅斯 (Erinyes) 会发现出的”(第二十九则)。——虽然如此,“度量”亦非永恒不变,皆可有进退到某一限度,然出、入或吐、纳或生产、消耗之间,常是保持了一平衡。于是这思想一转,又落到了对于平衡之思考,平衡乃势力之相等,相等即力量之对称与紧张,所以比拟之于弓弦或琴弦,那么,是力量之对称和紧张保持了万物之平衡;保持了万物之平衡,换句话说,即支持了万物的存在(第四十五则)。由是而“战争是万物之父”(第四十四则),亦可理解了。

这一橛思想,倘若除却了外衣,论其本质,在倘若略窥“三玄”之书的人,很容易明白了。大《易》中之老阴与老阳必变,岂非暗许万事万物皆有其“度量”?凡物达到了某一限度,将整个的“平衡”——古人说“太和”,说“和谐”——改变了,则事物全变。倘进化或前进程序拟说为生长,则唐人说一卦之“始,壮,究”,何殊于说“始,中,终”,又何殊于说“成,住,坏”?若专就对反而说，则庄子所云：“方生方死，方死方生。方可方不可，方不可方可。因是因非，因非因是。……其分也，成也。其成也，毁也。凡物无成与毁，复通为一……”——若“战争”代表“毁灭”则有毁灭而后有新创，或新成，或新生，亦是自然程序。因此每日升起一新太阳，其说在哲学上自可成为一假定，其实在物理或天文学上，太阳上的事至今多所推测，总归它时时刻刻在变，谓时时刻刻为一不同的或新的太阳亦可。“方生方死，方死方生……其分也，成也；其成也，毁也。……”理实即可以“后水已非前水”为喻。

赫那克莱妥斯必不会接受一纯心理原则曰“自我”为万事万物之起原，但在真元上他与这《韦檀多》学的立场不甚相远。“虚无论”派之佛教徒，在他们自有的说法上利用过这流水的意象，这火的意象。如赫那克莱妥斯见到的，他们也见到世间没有任何事物在两个时分为同一，虽在最坚住的形式之持续里。火焰在现象上保持自体不变，但每一时分这是另一而不是同一火；流水是以常新底水而保持其流。由此，他们得到结论，没有事物之真元，没有事物自体存在；现似底变是，便是我们所能称为存在的一切，其后只有一永恒底“虚无”，一绝对底“空”，或许是一原始底“非有体”。相反的，赫那克莱妥斯见到，倘若火焰之形只由恒常底变易而存在，毋宁说这是蕊炷之本质，变换为火舌之本质，可是必有其间为共通的一存在原则，这么变换其自体，由一形式变到另一形式——纵使火焰的本质常变，而“火”的原则常是同一，常是产生同样底能力之结果，常是保持同样底度量。

疏释

纯心理原则之“自我”，详见于《薄伽梵歌》。

所谓“虚无论”派之佛教徒，指“空宗”。

这里，当稍参究佛乘中于这宇宙之“火”的问题，果作何说。

希腊古哲人于宇宙作客观探讨，态度异于印度古《韦陀》时代之“见士”。佛法中大、小乘论师，态度又异于《韦陀》之“见士”，其主旨在建立佛法信仰。然亦可见虽其想象悠邈，非是茫无所归。这里先得说明所谓“劫”。此“劫”与“威胁”或“夺去”之字义无关，原是“劫波”之省文，梵文Kalpa 之音译。是时间之长度，“天地始终，谓之一劫；劫尽坏时，火灾将起……”火灾起因，则由七个太阳并出。火灾过后，世界又渐形成。此外尚有水灾、风灾。凡三小灾，三大灾，亦表之曰三小劫，或三中劫，与三大劫（据《经律异相》引《长阿含经》等）。而其时之长度呢？“佛言：设方百由旬——（一由旬合今长度约八九英里，另说合唐时十六里，或三十里，或四十里，参《大唐西域记》）——城，满中芥子，有长寿人，百岁取一芥子都尽，劫犹不尽。”（同前引《大智论》《增一阿含经》等）——又：“云何八十小劫名一大劫？《佛说劫中世界经》云：二十小劫坏，次经二十小劫坏已空，次经二十小劫起成，次经二十小劫，起成已住。”——劫有四种：一别劫，二成劫，三坏劫，四大劫。从人寿十岁渐至八万岁，经多时八万岁，又渐减至十岁，为一别劫。对余“总”故名为“别”也。……《楼炭经》云：以二事论劫。一云：有一大城，东西千里，南北四千里，满中芥子。百岁，诸天来下取一芥子，尽，劫犹未尽。二云：有一大石，方四十里。百岁，诸天来下，取罗縠衣拂石，尽，劫犹未穷。此亦应是别劫也。

“第二，有成劫四十，坏劫亦尔，所以然者，世间成时二十别劫，住时二十别劫，坏时二十别劫，空时二十别劫。此中以住合成，以空合坏，故各四十别劫。总此成坏，合有八十别劫为一大劫。

“若更舒之，别有六劫：一、别，二、成，三、住，四、坏，五、空，六、大。若更束之，则有三劫：一、小劫，二、中劫，三、大劫。小则别劫，中则成、坏随一，大则总成与坏。……外国俗算有六十位，过此已后不可数，故名阿僧祇。”（以上并出《法苑珠林》卷一）

寻常佛典中总是“通”“别”对言，或“总”“别”对言。以今俗语出之，“别”在此意义为“单独一个”。其想象时历之长久，无可数计，故曰“阿僧祇”。那么，即不异于今言“永恒”了。虽然自有此宇宙以来，在物理上亦未便说全无可数计。“芥子”或“胡麻”之喻——《起世经》说以胡麻（今言芝麻，原出胡地，故名）二十斛（此“斛”今言为“石”），凡百年始取一粒掷置余处，胡麻尽而寿不尽。——皆不成何定说。但宇宙有其始终，而其终散坏，由于火焚，这与此檄古希腊思想相同。

虽然，佛典中又不止一火焚而已，还说水灾、风灾，皆足以散坏世界。此无足异，因古印度的世界观如佛典中所表现者，“是地界住水界上，是水界住风界上，是风界住于空中”（参佛说《立世阿毗昙论》)。此即传统之五大之四。“有时大风吹动水界，水界动时，即动地界”，以此而解释地震。空非物，故无坏可言。在初原民族中，这想象是可理解的。初原民族明明像我们现代一样见到陆地外是海洋，由此推想地界在水界上，不算太不合理；而飓风起时海水可以升空，那么，“水”大之外更有“风”大。大雨时则风挟水而水未尝挟风，则明明是水大更于托风大上。以此解释地震，最似妥当。或者是由地震而起此想象，亦非无因。总归是此类想象，不是全无物理事实之根据。

至若火灾而起世界坏灭，则上古似确有其事，不但印度、希腊，而且其他如埃及、犹太、巴比伦以及中美洲土人，皆有此类似之说，其事实发生于有人类以后，有历史以前。其时宇宙必曾起过大变化，或有某天体接近了地球，因吸引力而使陆地分裂，海水上腾，地极变移，东西易位。由太空降下的气体，由地层摩擦而冲出的热力，由陨星坠石之发烧……种种原因，使地球成了一大火聚。所谓“流金铄石”尚属轻淡底描写，曾结果出浩大底毁灭。此种过于浩大的宇宙变化，存留于人类的记忆里，不知其几何年，终于沦入下知觉里，又不知其几何年，到有史以后，发展为宇宙毁灭或还于本源之神话。

据我国可信之古史，则确实曾有过洪水之灾，经大禹治之而人民乃得平土安居。大水灾在世界余处的神话或传说中皆有，旧约圣经中一翻便见。而希腊“海洋洲”的传说 (Atlantis)，是一大洲岛一日或一夜沉没了，至今西方学者仍推测纷纭，莫衷一是。

佛典中尚说及饥荒疾疫等，皆有史后常有的事，不足深论。

《奥义书》亦叙述宇宙为一遍是底动与变；是此一切在动性中为动者 (jagatyām jagat) ——正本是这“宇宙”一字 jagat，有“动”的基本义，由是整个世界，大宇宙 (macrocosm)，乃一浩大底运动原则，因此属变动和不静定性，而宇宙间每一物，在其自体是一“小宇宙”(microcosm)，属同此一变动和不静定性。凡存在皆“全为变是”；自体存在之“自我”(Atman)“自生者”(Swayambhu) 变成了一切变是者 (ātmā eva abhūt sarvāni bhūtāni) 。上帝和世界的关系，总括于这一语中：“是‘他’出动于遍处”(sa paryagāt)；“他”是“上主”“见者”和“思想者”，变为遍是——即赫那克莱妥斯的“理”(logos)，他的“宙斯”，他的“太一”，万物所从出者——“将万事万物各依其性格从邃古以来正当安排了”——即赫那克莱妥斯的“万事万物皆已固定而且决定了”。用他的“火”代替《韦檀多》学的“自我”，则《奥义书》中之语，没有什么为这希腊思想家所不会认作自己的思想之另一说法者。而且，诸《奥义书》在各种意象中，岂不也用过正是这“火”一象征么？“有如一‘火’已入于世间，一随世间各种形式而成其形”，同样的，唯一“有体”已化为凡此一切名与色，可是仍其为“一”。赫那克妥莱斯告诉我们的，恰恰是同此一事；上帝是一切对反者，“‘他’取各种形式，正如火，时若这杂着香料，这随各人的臭味而与以名称”。各人随自己所好而称呼“他”，这位希腊见士说，“他”接受一切名称，却又不接受任何一个，虽最高底宙斯之名亦不接受。“他同意却同时又不同意被称为宙斯。”印度古代的狄迦答摩 (Dirghatamas)，在他的《黎俱韦陀》的神圣“神秘道”的长颂诗中，也曾如此说：“一存在者，圣人以多个名字称呼之。”《奥义书》说，“他”虽擅有凡此形色，“他”却没有眼视可得之形色，“他”的名是一强大底荣光。我们见到，这希腊哲人的思想，甚且常是他的表白和意象，与《韦陀》及《韦檀多》圣人的意思和作风，多么接近。

疏释

“大宇宙”相当于“太极”，“小宇宙”相当于“一物一太极”，皆是理学家之常谈。所谓“范围天地之化而不过，曲成（义即‘圆成’）万物而不遗。通乎昼、夜之道而知（训‘智’），故神无方而易无体。”这是说宇宙之变动面。否则，这“太极”是一死太极。

此段引诸《奥义书》，谨将其原文录下：

（一）此宇宙叙述见第一《奥义书》（参拙译《伊莎奥义书》）之第一颂，原文如次：

I’ sāvasyamidam sarvam

yatkimca jagatyām jagat

译文如次：

“凡此皆‘伊莎’所宅舍兮，凡宇宙之动中为动者。”（“伊莎”即上帝）

（二）又该书第七颂之文，乃此所引：

yasminsarvāṇibhūtānyātmaivābhūdvijanataḥ

译文如次：

“见唯‘我’化为群有兮，是则全知。”

（三）“将万事万物各依其性格从邃古以来正当安排了。”

此见该书第八颂末节：

yāthātathyato s rthānvyadadhā

cchāśvatībhyaḥ samābhyaḥ

译文如次：

“各如其性兮。位列万事，自来兮古始。”

（四）“有如一‘火’已入于世间……”，此出《羯陀奥义书》第二章，第五轮，第九颂，原文如次：

agniryathaiko bhuvanam praviṣṭo

rūpam rūpam pratirūpo babhūva,

ekastathā sarvabhūtāntarātmā

rūpam rūpam pratirūpo bahiśca.

拙译如次：

"一火入世间，所遇成形色；一'我'寓众生，形色从所式，而又居其外，一一彼可识。"

（五）"大荣光"云云，诸《奥义书》中数见。兹录自《摩诃那罗衍拿奥义书》之第十，第十一颂（即《白净识者书》之肆，十九，二十，两颂。后颂又为《羯陀书》之六，第九颂），此所称引，乃后颂之初分与前颂之末分，盖由记忆泛述者也。原文如下：

nainamūrdhvam na tiryañca
na madhye parijagrabhat |
na tasyeśe kaścana
tasya nāma mahadyaśaḥ ||
na saṁdṛśe tiṣṭhati rūpamasya
na cakṣuṣā paśyati kaścanainam |
hṛda manīṣā manasābhiklṛpto
ya enam viduramṛtāste bhavanti ||

不可在上处，
不可在对方，
不可在中间，
于彼而度量。
彼自无匹对，
彼名大荣光。（颂十）
非居视境中，
无谁能目见，

对情心，思心，
对超心皆现。——
有能知彼者，
永生庶可擅。（颂十一）

（六）赫那克莱妥斯之名言，上帝是一切对反者，见于《简言》第三十六则上半："上帝是昼与夜，夏与冬，战争与和平，饱足与饥饿。"下半乃说加香料之"火"云云，见前。然此处"火"字原文不明。

我们应当将赫那克莱妥斯的每一简言，安置于其适当之处，倘若我们要了解他的思想。"承认万事万物为一是明智的"——可注意，非徒是其出自一，且将归于一，而是在今兹与常时为一——一切皆是，已是，且永远将是长此燃着的"火"。一切，对我们的经验现似为多，为多方多式底存在之永恒底变易；其间哪里有什么永恒底同一性原则呢？真的，赫那克莱妥斯说，好像是这样；但智慧望到这以外，实见到万事万物之为同一；昼与夜，生与死，善与恶，一切皆一，永恒者，同一者；凡见到事物之为异者，不见到其所见事物之真理。"赫西阿德未知昼夜；因为这是'一'。"——（希腊文曰 esti gar hen，梵文曰 asti hi ekam，即唯"是"或"有"此"一"而已，即"万物为一"。）那么，此万事万物皆是之一永恒者和同一者，恰恰是我们所谓为"有体"；这正是唯独见到“变易”的人所否认的。执“虚无论”的佛教徒[1]，坚持只有这么许多理念（“识”，vijnānāni）和无常底形相，仅为多个部分和原素之合；任何处也没有一性，没有同一性；超出理念和形相以外，你便达到自我灭无，达到“空”，达到“无有”。可是人必得在某处安立一个一体的原则，倘若不在事物的基础上，或在其秘密有体上，便得在其动作上。佛教徒安立了其“羯磨”(karma，即“业”）一宇宙原则，而这，倘若你加以思维，终究达到一宇宙能力为世界的本因，不变的度量之一创造者和保持者。尼采否定“有体”，但不得不说一宇宙底“是为意志”；而这，倘若你加以思维，又似乎不外是《奥义书》中所说的“意志能力即是大梵”(tapo brahma) 的翻译。后代数论否定知觉存在之一体性，却肯定“自性”(Prakriti) 的一体性，这又同时是事物的原始原则与本质和创造能力，即希腊人的 phusis。承认万事万物为一诚然是明智的；因为视见看到它，灵与心伸到它，思想即在正本对它否定上又旋转回到它了。

疏释

（一）“这宇宙，于众生万物为同一的，不是任何神或人所创造的；它恒常已是，正是，且将是——一永远

---

❶ 佛陀自己对这问题保持了缄默；他的“涅槃”的目标，是现象底存在之否定，但不必须是任何种存在之否定。——原注

活着的火，以有规律的度量而自炽然，以有规律的度量而自熄灭。”（《简言》，第二十则）

（二）“对反兴起叶调。从乖戾出生最优美底和谐。”（第四十六则）

（三）“以关节而联系的骨骼，同时是一整体又不是一整体。相合同便是相分异；调叶者便是乖戾者。‘一’性出自多个‘别异者’；多个‘别异者’出自‘一’性。”（第五十九则）

（四）佛法中口语：万法归一，一归何处？——答复是：“一归万法”，成了循环；或：“一法不受”，超上了，即此文所谓“达到‘空’，达到‘无有”。——但这也非如此简单。纯然达到“空”“无有”，似亦非佛法之极诣。

于此，无妨再引古籍，以相参证。“易有太极”不必说。古人早已安立这一宇宙的永恒原则。姑且引据庄生之《齐物论》：“非彼无我，非我无所取。是亦近矣，而不知其所为使。若有真宰，而特不得其朕。可行、已信，而不见其形。有情（‘情’训‘实’），而无形。……如求得其情与不得，无益损乎其真。……”

“道行之而成，物谓之而然。恶乎然？然于然。恶乎不然？不然乎不然。物固有所然，物固有所可。无物不然，无物不可。故为是举莛与楹，厉与西施，恢诡谲怪，道通为一。”

“子祀、子舆、子犁、子来四人相与语，曰：孰能以无为首，以生为脊，以死为尻，孰知生、死、存、亡之一体者，吾与之友矣。……”

庄生之寓言，此类甚多，似乎应着重其玄理而忽略其形式。所谓首、脊、尻，用哲学语言说，即是始、中、终；说其为一体，只合承认其以“身体”之“体”表后世所谓“体用”之“体”或“本体”之“体”。总归是说美、丑（厉为奇丑怪之人；西施是美人），善、恶、生、死，存、亡，皆是一体，此之谓“道通为一”。

此外，在老子书中说“一”之处亦多，如“天得一以清……”之类。又说“圣人抱一为天下式”。文繁，不具引。观《庄子》所谓“真宰”多么与“伊莎”相合！

赫那克莱妥斯见到凡稍留意于看世界的人所见到的，即在此一切动作与变易与分别中，有个什么是坚住与安定性的，它回到同一性，确定一体性，胜利入乎永恒。它常有同一度量，它今是，曾是，且将永是。虽然我们有一切分别，我们仍是同一的；我们皆出自同一源头，皆依同样底宇宙律则前进，皆生活，相异，且奋斗于一永恒底一性之怀抱里，皆常在寻求那将一切有体结合为一且使万物为一者。每人依他自己的方法看去，着重其这一方面或那一方面，看不到或减除了其他各方面，因此各与以一不同之名——甚至如赫那克莱妥斯，为其创造和毁灭底“力量”一方面所吸引，与之以“火”之名。但时当他概括而言，他推的够广远；是“太一”为此“大全”，是“大全”乃此“太一”——宙斯，永恒性，“火”。他可与《奥义书》同说，“凡此皆是大梵”(sarvam khalu idam brahma)，虽则他不会进而说“这‘自我’是大梵”，反而会以《韦檀多》说涡柔（Vayu）的公式，宣称“你是当前显明底大梵”(tvampratyakṣam brahmāsi)，而说此“阿祇尼”(Agni)。

疏释

此诸梵语在诸《奥义书》中皆屡见而不一见者。涡柔为风神。风亦即气。《黎俱韦陀》拟象之为原始巨人之气息，在第十卷中，该部分较晚出。思想与古《韦陀》相距稍远，与诸《奥义书》甚合。“阿祇尼”即火或火神，见前。

但我们可以在各个不同底方式上承认此“太一”。“不二论者”（Adwaitins）肯定了这“一”，“有体”，但将万事万物搁开了，以为“摩耶”，或者，他们认识了“有体”在这些“变易”中之内在性，这些“变易”却仍不是“自我”，非“彼”。毗搜纽派（Vaishnavas）的哲学见存在永恒为一，在“有体”“上帝”中；永恒为多，由于“他”的本性或知觉能力，皆在“他”所变是的。或存在于她内中的心灵中者。在希腊，同然，安那玺曼德否定“变是”的多底真实性。恩佩朵克列斯旨定“大全”永远是一与多；一切即一，这变为多，于是复归于一。但赫那克莱妥斯不肯这么斫断这谜的纠结。他实是说：“不是，我执持我的万事万物的永恒一性之理念；它们永不终止其为一。全是我所说的永远燃烧着的‘火’乃取种种名与色，将自体变为万有，却仍其为自体，全然不是由于任何幻觉或变易的纯外相，而是有其一严格底和正极底真实性。”然则万事万物，在其真实性、与本质、与律则、与其存在之理上，皆是此“一”；是“一”在其形色、价值、变易上，真的变为万事万物。它变，然又不可变；因为它既不增，也不减，也未尝须臾失却其永恒底自性与同一性，即此永远活着的“火”的。许多价值，皆归到这一切价值之同一标准和判断；许多力量，皆回到这不可更动的能力；许多变易，皆代表又归结到一个同一底“本体”。

在这里，赫那克莱妥斯加入了他的公式“一出自一切，一切出自一”，这是他于宇宙进程的叙述，正如他的公式“万事万物皆一”，是他于宇宙永恒底真理的叙述。他说：“一”，在宇宙的进程中常是变为万事万物，刹那刹那如是，因此有万事万物的永恒底流衍；但万事万物亦永是回到其一性原则；因此乃有宇宙的一体性，变易的流衍后之同一性，度量之稳定性，在一切变化中之能力之保存。这，他进而以他的变易论，解释在其性格上为一恒常底互换。然则这事物的同时向上和向下的运动没有终竟？至今是向下的居优，以造成宇宙，那向上的是否也会得势，将其消归于永远活着的“火”呢？于此，我们便达到这一问题：是否赫那克莱妥斯曾执一周期底焚烧或“散坏”(pralaya) 论。“‘火’将临于一切事物，审判且将其定案。”倘若他曾持有此一说呢，那么在赫那克莱妥斯的思想与我们惯熟的印度观念间，又可得到一惊人的同点了，印度有所谓周期底坏灭说，《古事记》中说会有十二个太阳同时出现，将全世界焚毁，而《韦檀多》学的理论，谓显了与隐没成其永恒底周期循环。如实，这两路思想在真元上皆是同一，必然达到同样的结论。

疏释

此处有当略释者：

（一）《古事记》(*Purāṇas*) ——这是一种神话与小说式的记述，亦即是各教派的宝典，其作者不详，虽传者系维耶色 (Vyāsa)，又自许为直承《韦陀》的传统，皆难确信。然古籍中有称引及之者（如《唱赞奥义书》Ⅲ, 4, 1;《百道婆罗门书》XI, 5, 6, 8;《财利论》[*Arthaśāstra*]，Ⅰ, 5)，故可远推至公元前五世纪。作者自非一人，而主要有其十八种，分隶三教派，皆印度教。

（甲）毗搜纽派 (Vaiṣnava) 有其六：*Viṣṇu, Bhāgavata, Nāradīya, Garuḍa, Padma, Varāha*

（乙）湿婆派 (Saiva) 亦有其六：*Siva, Linga, Skanda, Agni, Matsya, KŪrma*

（丙）克释拏派 (Brahma-Kṛṣna)，亦有其六：

Brahma (*Saura*)

Brahmāṇḍa

Brahmavaivarta

Markaṇḍeya

Bhariṣya

Vamana

凡此皆长篇大制，故谓之“大古事记”(Mahāpuraṇa)，其他小者 (Upapurāṇa) 皆未入计。

（二）毗搜纽派 (Vaishnavas) ——此为印度教中敬拜 Viṣṇu 之一派，与湿婆派及密乘能力派鼎足而三。唐时音翻毗搜纽或维瑟努或维师鲁，皆与原音相近，而皆不确切。大抵每一教派，必有标志 (tilaka) 庄严其庙宇与造像，亦涂饰于信士之额。其次为入道之仪 (dīksā)，各有繁简之别。其次为其师尊 (guru)，亦有种种称号、等级。其次为咒语 (mantras)，或显或密。其次为论撰 (śāstras)，所以阐扬该派教理者。此毗搜纽派，与佛教及耆那教之兴起，大约同时，约当公元前五世纪。以大梵 (Brahmā) 与湿婆 (Śiva) 合于毗搜纽而成其三位一体之“一神教”即上帝崇拜。其后与那罗衍那 (Nārāyaṇa) 神之崇拜合，公元后又与克释拏 (Kṛṣṇa) 神之崇拜合，即佛乘中所谓“遍入天”及“自在黑”是。实即阿毗罗 (Abhīra) 部落之英雄，神而化之。公元后八世纪又与“敬爱道”(Bhakti) 合，成其精神一元论及幻有论（见前），以商羯罗为其大师。然推理之势盛而敬爱之道衰，直至十一世纪时罗曼鲁遮起而振兴之。其教盛行于南印度，而廪巴恪 (Nimbārka) 则盛传之于北，而加入以罗达 (Rādhā) 之敬拜，罗达即克释拏夫人。十三世纪摩达婆（见前）倡多元论，仍以毗搜纽为宇宙至上主。至十五世纪而有宰丹尼亚 (Caitanya) 之运动，使教派为之一新，接收异教徒，及本教之他投者。同时洼拉伯 (Vallabha，生于1401年）之“纯不二论”（Śuddhādvaita）亦起，与商羯罗之“单不二论”(Kevalādvaita) 微异。其间又与罗摩(Ramā) 之敬拜合，该派起源亦当在公元前五世纪时，至十一世纪时乃大盛，于是此毗搜纽教派，几乎统印度教之全部，皆此数人之力。以教理而论，则多元，一元，净一元等，有其歧分；其间又有罗摩难陀 (Rāmānanda) 一派，提倡以方言传教，且废除婆罗门族姓与贱民（“不可触”阶级）间之歧视，故其传播之广，亦有其由。

（三）论“变易”之形式，《简言》有说：“这抛散开又重聚合；这前进，又复后退。”（第四十则）

四

赫那克莱妥斯对宇宙的叙述，是一进化与内转，出自他的唯一永恒原则，“火”——这同时是唯一本质和唯一力量——在他的拟喻底语言中，表之为向上和向下的路。他说：“上与下皆是同此一条路。”由“火”这发光和能力原则，发出“风”“水”“地”——这是在其向下的路上的能力进程；在这进程自有的紧张中，同样有潜能底转回之一力量，这将循相反的次序，将万事万物引回到源头。整个宇宙作用安立于这向上和向下的两个力量的平衡中；凡物皆相反对的能力之平衡静止。生命的运动有似弓弦的退反，他用了这比喻，拟似其为一引回和紧张之力，制止一发射力，每一正动之力，偿之以一相应的反动之力。由这个对那个的阻力，造成了一切生存的和谐。

疏释

（一）此段征于《简言》者：

“火的变易是最初化为海水；海水则半化为土地，半化为闪电。”（第二十一则）

“土地融化为海水时，其终竟之量与其凝固为土地以前之量相等。”（第二十三则）

“火生地死，风生火死，水生风死，地生水死。”（此谓火生于地之死……）（第二十五则）

（二）这里有两个名词，亟待解释，通常是被忽略了的：

（甲）Āvirbhāvaḥ—evolution，此通常译“进化”，不诬。然亦当译为“显现”，佛典中尝译之为“现前出者”。

（乙）Tirobhāvaḥ—involution，拙译作“内转”，不诬。义即是“隐没”，佛典中译为“非现者”。进化当然是“显现”，与之相对为“隐没”或“消失”。但于此有一义当稍着重，即二者皆是一作用或程序。进化是一显了作用，内转是一隐没作用。向前、向外有其程序，向后、向内亦有其程序。此由外而推内，倘若不是原来有其内在者，经过了一番内入作用，如何能有其外发和进化？虽物质中亦有其知觉性，如其原子之相组织相分离，这必是知觉性之隐藏于其中或内入其中了。隐而不显，故不觉其作用或甚至其存在，然而外发而显，所以成其进化了。在人类，在高尚心灵中，种种德性咸在，皆待显豁而出。这大概是一宇宙真理，亦暗合乎我国儒家之性善之说。至若说（大梵）以其德性之隐与显而变化为其所愿是为者，则是印度哲学了。

儒家说人性本善，则善为内在，为固有。其说另以今言出之，即心灵之性，亦即神圣之性。那么，是至善，其为学亦以此为极归，所谓“在止于至善”。然中国更有道家哲学，亦推阐其于有无之宇宙观，在真元上正与此显隐之说相应。如人声之显为语，隐为默，此语默对言。如作用之显为动，隐为静，则动静对举。此外尚有阴阳、刚柔、消息（此“息”为“繁息”“增大”“滋多”之谓）等对言。此在道学为常谈，通之于“显了”“隐没”之说，固无不合。然道家亦不全以此为等同之相对。王辅嗣于《易》之《复卦》注云：“复者，反本之谓也。天地以本为心者也。凡动息（此‘息’为‘止息’，或‘休息’义）则静，静非对动者也。语息则默，默非对语者也。然则天地虽大，富有万物，雷动风行，运化万变，寂然至无，是其本矣。故动息地中，乃天地之心见也。若其以有为心，则异类未获具存矣。”

这里所云“异类”，即言“万类”或万事万物。——辅嗣之意，动不足以与静对，语不足以与默对，犹如说吾人之所知，远不足以对称吾人之所未知（佛陀亦有所说之法有如其手中所持之一片树叶，所未说之法，则有如满林的树叶之喻），正是道家思想之胜处。推之至大，则“万有”之后必存一“至无”或“本无”。此“无”不是中无所有，而是涵藏了万有。那么，换个方式说，即又是万事万物有其“显了”与“非显了”，或“内化”与“外化”，或“内转作用”与“进化”之分。

“天地以本为心”，未尝不可换个方式说，谓“天地以心为本者也”。此“心”即所谓“知觉性”。

这么，足以阐明《老子》之“天下万物生于有，有生于无”说。解此“生于”为“出自”可，解之为“存在于”亦可（如俗语所谓“生于忧患，死于安乐”，则义是“生活于”其中）。这无论作何解说，皆可以契入此真实义，即万有不能为空无。

自古至今，关于能力之争冲，许多哲学家讨论过了。我国《老子》说“反者道之动”，正是深明此理。在遭受的反动上可以测量正动的力量，是寻常物理。但单说“正动”与“反动”，仍属于线或属于面，又未免将问题过简单化了。力量作用之形式无限，而力量之分殊亦无限。可说有存在即有力量，存在亦即是力量。至若“动态”只是极微末的一部分外表，于此我们在讨论其紧张度，弛缓度，平衡或和谐。而宇宙之动之本身或力量之本身，远超出乎人类所知与能知的范围以外。

这里有同一譬喻，恰可见东西方古代哲人看事之不同。老子：“天之道其犹张弓欤！”——“张弓”即暗许能力之紧张，对称，平衡。然《老子》未尝强调争斗一面，却说：“天之道其犹张弓欤，高者抑之，下者举之，有余者损之，不足者补之。”——他的意许仍在于一大和谐，要得到相当的平等境。这是超出纯物理计度而得到的结论。若纯就物理为说，则其说只合止于力量之平衡，对称。然另有其“天道”在，超乎人道以上。

在印度的“数论”(Sankhya) 中，我们有此同一理念，从一原始本质力量，成其能力情况的相续进化。诚然，在那里所提出的体系，是比较完全且使人满意的。它始于原始底或根本底能力（mūla prakṛti，根本自性），这作为第一本质（pradhana，胜性），由发展和变动而为相续的五个原则。是“空”而非“火”，乃第一原则，这为古希腊人所忽略，但经近代科学重新发现[1]。由此随之以风；火，即燃烧，发光，和电的能力；水，与地，即液体和固体。“数论”，如安那玺曼捏斯置“空气”（或风）于四原则之首，四者皆希腊哲人所承认的，虽则“数论”不和他一样，以之为原始本质，因此亦异于赫那克莱妥斯的次序。但它以创造一切形色的功能归于“火”这一原则——正如《韦陀》中的阿祇尼乃诸世界的伟大建造者——在这一点上至少与他的思想遇合了；因为必是作为一切形成与变易后的能力原则，赫那克莱妥斯乃选择“火”为他的“太一”的象征和物质代表。关于这，我们可记起近代科学进到了多么远底地步，以其着重电力和种种无线电的放射力量（radio-active forces），是正了这班古代思想家之说——赫那克莱妥斯的火与雷电杵，印度的三重阿祇尼——在原子的形成与能力之变换上。

疏释

（一）安那玺曼捏斯（Anaximenes），乃安那玺曼德之

---

[1] 现在又废弃了，虽则那也不似确然无疑或遂成定论。——原注

学生，亦为该派哲学之承继者。其学说以“风”或“空气”为万物之创造因，亦视为一自体存在之神。至若日、月、星、辰，皆从土地出。以为地是平原，天为穹盖，星为钉，此其当时之信仰，故有此俗间口头语流行“倘若天下坠呢？”——此哲学家卒于公元前504年。

（二）“画廊学派”(Stoics)

这是治希腊哲学者所必知的。即渐鸾 (Zeno, of Citium in Cyprus, 342-270B. C.) 在雅典讲学之处 (Stoa Poecile), 该处会友因此得名。自渐鸾以后，其著名学者，有：

(1) Cleanthes of Assus, 331B. C. -251B. C. ——另说其人寿九十九岁，乃渐鸾之继承者。

(2) Persaeus——渐鸾学生

(3) Aristo of Chius

(4) Herillus of Carthage

(5) Sphaerus of Bosporus

(6) Aratus

(7) Chrysippus of Soli

此乃使画廊派学说圆成之人。

生于281或276B. C.

卒于208或204B. C.

与之同时代而著名者有：

（甲）Eratosthenes of Cyrene (276或2B. C. —196或2B. C.), 为Aristo 之学生。

（乙）Teles, 道德学者。——或谓其学亦出自此派，因其为“冷嘲派”之一人。

(8) 翕栗西普斯 (Chrysippus) 之学生二人:

（甲）Zeno of Tarsus

（乙）Diogenes of Selcucia（即Diogenes the Babylonian) 于156B. C., 为遣往罗马之哲学家代表。后不久谢世。然此人门徒甚多，其著者为:

a) Antipater of Tarsus——雅典讲座之承继人。

b) Archedemus of Tarsus——在巴比伦创立学会。

c) Boethus

d) Panaetius of Rhodes (185-110B. C) ——乃罗马Stoicism 之创立者。原为雅典Antipater 之承继人。

考此派学说，其源出于苏格拉底学派之所谓“犬儒派”(Cynicism, 通常亦译为“冷嘲主义”,或“讥世派”),以讲道德著名。其所以分出而为异者，在科学推究。以为哲学之究竟目的，在乎影响人之道德情况，然真道德有赖乎真知。哲学虽重修道德，同时亦为“神圣之知识与人类之知识”。故其学三分：一、逻辑，二、物理，三、伦理。其伦理原则,亦全基于赫那克莱妥斯之“一切为一”之说。其后克列恩退斯 (Cleanthes) 又加修辞于逻辑，神学于物理，政治学于伦理学。大抵始以思辨之精明，次以事理之探究，终于圣境之臻至。

据此派之物理论，以为“天神”原为“火气”则最初化之为“空气”，次为“水”,“天神”居“水”中，内在而为其“形成之理”(logos spermatikos) 。“水”一部分仍其为“水”，一部分乃沉垫为“地”，另一部分则为

“空气”,“空气”一部分更稀薄化,乃燃为原始之“火”。如是,世界形成而与“天神”或灵魂分;及乎世界之程终尽,万事万物皆灭于一宇宙之火,宙斯收敛此世界,俟定期再吐生之。如是,成坏相循环,永远不息。又因其遵循同一律则,故相续诸世界中万物皆同,即同此人世,同此世事,以至细微末节皆重复出现。——此所据为赫那克莱妥斯之说。

更考古印度,亦同此说,如谓万物坏时,虽苏迷卢山(简称须弥山)亦坏。世界成时,山现如旧。推之过去佛迹,无不皆然(参《大唐大慈恩寺三藏法师传》卷二)。则似久已成为信仰,无复哲学思维了。

(三)复次,于“僧佉”即“数论”之起源,犹当略说。“数论”诸谛,散见于史诗,可见其起源甚古,非一人所制。羯比罗等必然是取已成之说,从而组合之,条理之,成了一相当明确的系统。至若其古到什么时代,则几乎可说这是上古始有文字以后之传统,尚存结绳之余习。因为未有文字以前,在文明开化史上必先有算数,由于这在人类生活上是必需。结绳以记事,记日月,其记录必然简单,主要仍是凭人的记忆;结绳之外,尚可用其他物质工具为助,如筹策。凭记忆有一数为系统,可谓为一心理工具。如诸《奥义书》中,也提到过“一是什么,二是什么……”之类。这传统一直存留到中古,如佛书之《百法明门论》《百论》《十二门论》《千佛名经》等等。以及佛之卅二相、八十种好等等。此一智用,似于文化古老诸民族比较发达,如古希腊人,古巴比伦人,及古印度人为然，如在北欧诸民族开化较晚则不然。在心理上这一智用一转便成为“分析”之智用了，成了科学之骨干。因此亦有人曾目数论哲学为科学底哲学，或无神论。

（四）“三重阿祇尼”——阿祇尼见前注。“三重”即地上的火，雷电火，与太阳。

但古希腊人未曾前进到那究竟底分辨，如印度所归之于羯比罗 (Kapila) 的，一位无上底分析思想家——分辨“自性”与其宇宙原则，其二十四谛，形成“自然”的主观与客观方面者，分辨“自性”与“神我”，“知觉底心灵”与“自然能力”。因此，在“数论”中，空，火，乃其余皆仅是“自性”的客观进化原则，原始本质 (phusis) 的进化方面，而古希腊人未能脱出“自然”的这些方面，进到一纯粹能力的理念，亦全然未能说出其主观一方面。赫那克莱妥斯的“火”，要代表一切“物质”的原始本质，又要代表上帝和“永恒性”。这么主要从事于“自然能力”，又失败于探测其与“心灵”的关系，一直存在于近代科学思想中，我们发现其间亦有同样底尝试，要寻出“自然”的某一原始原则，或“以太”，或“电”，认其与原始“力量”为一。

疏释

（一）在赫那克莱妥斯，“自然能力”与“心灵”犹未严格划分，亦于其《简言》中可见：

“化为‘水’是‘心灵’的死亡，化为‘土地’是水的死亡。反之，‘水’生于‘土地’，‘心灵’生于‘水’。”（第六十八则）

（二）这里说的羯比罗，即“数论”师 (Kapila) 。据佛乘，则云“外道名劫比罗，古云迦毗罗，讹也。此云‘黄赤’，鬓发面色并黄赤故，时世号为‘黄赤色仙人’”。

这位思想家的历史止此。在《摩诃婆罗多史诗》中，羯比罗几乎是唯一哲人，又与阿祇尼、湿婆、毗搜纽或金胎为同一人。其他典籍中的记述亦皆属神话，无历史价值。凡“数论”之书，皆属近古，《数论经》是公元后十四世纪时作，为此经之疏者毗若那比丘更是十六世纪后半期的人。可约略推知者，羯比罗实有其人，或者生当公元前六世纪中叶。因为佛陀出生之地名Kapilavastu（此字之后半又作vatthu, nagara, pura, 义皆为“城”）。羯比罗城之得名，因有此一人居其地。“仙人”是一尊称。“黄赤色”是字义。如是而已。

不论那是怎样，世界之由原始本质或能力，因某种进化的转变而成（由 pariṇāma, 即“转变”），这理论于古希腊和印度诸学派是共通的，不论其于原始物质 (phusis) 的性格所说的怎样不同。赫那克莱妥斯与早期希腊圣贤之别，是在他的向上和向下的路一概念，以为下降与回转是同此一条路。这相应于印度的“流转”与“还转”，“心灵”与“自性”的双重运动——“流转”，即发出而向前，“还转”，即退后和内敛。印度思想家专从事于这双重原则，只要其触到个人心灵之入乎“自然”的进程及从之退转；但仍然，他们见到“自然”本身的一同似底，一周期底进前和退后的运动，这便引到永远重复着的创造和散坏之循环；他们执持周期坏灭（pralaya）的理念。赫那克莱妥斯的理论，似乎也要求同样底结论。否则，我们必须假定那向下的趋势一旦发动了，便常占了向上运动的优势，或者，宇宙是永远出自那原始本质且永远回到它，但永远不实际回转。然则是“多”为永恒，不但在显示的权能中，亦且在显示的实际事实上。

疏释

“向上和向下的路是同此一条。”（第六十九则）似乎不能全从直线着想；因为他也说：“在圆周上始与终是共同的。”（第七十则）即是说取圆周上任何一点为起点，一旋转之后则为终点。或者设想其为螺线形，一旋转之后可到起点的直线位置，然而提高了，则更合乎后代进化思想。

进者，更有一则简言值得于此联带思维：“为生或为死，为醒或为睡，为少或为老，是同此一事。在每一场合前者变为后者，而后者又变为前者，由顿然出乎不意的反转。”（第七十八则）

可能，赫那克莱妥斯是如此思想的，但这不是他的理论之逻辑底结论；这与他上、下路的意象之明显提示相矛盾，路，是暗许有一出发点和转回点；我们亦复有“画廊学派”(Stoics)的清楚叙述，说他是相信“大焚毁”的——倘若当时这未尝公认为他的教言，该派人士似很难作此一假定。兰纳德先生列举的近代诘难，皆基于错误概念。赫那克莱妥斯的肯定，不徒是“一常为多，多常为一”，亦复是以他自己的话说：“出自一切者一，出自一者一切。”柏拉图之牒述他的思想，说：“真实双是一与多，且其在分别中常是被合并的。”正是用了不同底语言说出了同一理念。这意义是一恒常底转变之进流和退流，向上与向下的路，而我们可假定正如“一”以其向下的转变，全般变为“一切”于此下降的进程中，却永远仍其为唯一燃着的“火”，然则此“一切”以其向上的转变，可全般归到“一”，却真元是存在着，因其能再返于各各有体，由于向下运动之重复。这一切疑难皆消除了，倘若我们记起所暗许者，是一进化和内转程序——同样的，“创造”这名词在印度文字中（梵文sṛṣṭi），意义是解放或发皇内中所蓄者，潜在者——而且坏灭之火销毁存在着的形色，然不消除多性原则。然则在赫那克莱妥斯的周期大焚毁理论中，全无乖违；而那既是变易的最高表现，倒是他的哲学的完整逻辑了。

五

倘若是“变易”律决定同此一向上、向下之路的进化和内转，则同此一律通行于整个路程，贯彻其一切步趋和转还，弥漫路途间的亿万交涉。遍一切处皆是此交换与互易 (amoibê) 律。在一切时，一体性与多性皆有此相互的活泼关系。“一”恒常是将其自体变换为多；给出了那黄金，你便有代之之一切供应品；但事实上皆只有如许黄金的价值而已。多者恒常将其自体变换为此“一”；凡此供应品皆发给了，消失了，我们说，皆毁灭了，但代之者，有此黄金，原始底本质能力，等于供应品之价值者。你看太阳，你以为这常是同此一太阳，但如实这每日是一新太阳升起；因为是“火”恒常给出它自体，换得原素上的供应品所以组成太阳者，太阳便保持了形相、能力、运动及其一切度量。科学指示我们这在凡物皆然，例如在人的身体；这常是同一，但仅一恒常底变易而保存其现似底同一性。有一恒常底毁灭，然而无有毁灭。能力自体发施，却未尝真是耗丧自体；变易，与在变易中能力之不可更换的保持皆为律则，毁灭却不是。倘若这多性的世界终于被“火”毁灭了，可是仍没有终竟，这不是被毁灭了，却只是换得了“火”。进者，凡此转变间皆有交换，这些转变皆只是“有体”的这么许多活动价值，皆为宇宙底黄金之固定量额与价值相等的供应品。“火”从一形式取得其本质给予另一个，将其本质的一个表面价值变为另一个，但本质能力仍其为一，新价值正等于旧价值——正如其化燃料为烟，为煨烬，为灰。近代科学关于这变易上所发生的事已有更精确底知识，却肯定赫那克莱妥斯的结论。这便是能力保存律。

疏释

（一）这是赫那克莱妥斯的另一简言：“一切皆换得了火，火又换得了一切。如器皿之换成金，金又换成了器皿。”——这里说“换”(amoibê) 是指“交易”，但如实亦是指“互易”(《简言》第廿二则)。

（二）“能力保存律”，即所谓“物质不灭”。物可灭，其质或原素终在。此律至今未变。略治化学者知此。推之至于宇宙原则，即凡存者必然不会不存在，凡已是者不能为非是，已有者不能无有（参拙译《薄伽梵歌》第二章第十六、廿颂）。

（三）关于太阳，说“每日是一新太阳”（第三十二则）。此外亦说：“倘若没有太阳，其余星辰不足以止其

为黑夜。”（第三十一则）更说：“暮与旦之界线是大熊宿；正对大熊宿者，是光明底宙斯的边界。”（第三十则）

实际上生命的活动底秘密在此；凡心思的或身体的或徒是动性底生命，皆以恒常底变易和交互而保持其自体。虽然，赫那克莱妥斯的叙述，至此不是全般可满人意的。所交换的能力之度量，价值，纵使其形式已经更换，仍其不改，但为什么我们所有的宇宙供应品以易世界的黄金者，也应固定了，且在某一方式上不变易呢？那如何解释，如我们在宇宙间所观察的，许多原则和原素和种种结合的这永恒性，以及同样底形式的长存与重现，是怎么发生的？为什么在这恒常底宇宙川流中，每物当究竟是一样？为什么太阳虽是常新，却为了一切实际用处仍为此同一太阳呢？为什么，如赫那克莱妥斯自己所承认的，川流应是同此一川流，虽则流着的永远是另外底又另外底水呢？是在这关系上，柏拉图乃举出了他的永恒底、理想底固定理念界之说，在那，他的意思似乎同时是说一发源着的真实理念，与一原始底理想方案，有在于万事万物。印度式的一唯心哲学，可能说这力量 (Shakti)，你所称为“火”者，是一知觉性，以其能力保存了其理念的原始方案，与相应的事物形式。但赫那克莱妥斯给我们另一说明，虽不十分使人满意，却是深沉而且充满了提示着的真理；这包含于他的那些惊人的语句中，说及战争与正义与紧张，及“愤怒之神”之追逐越轶度量者。他是第一位思想家之全在“权能”的义度中看世界者。

疏释

（一）“许多原则和原素和种种结合……”——“原则”是指物质、生命、心思、性灵等。“原素”是指科学上之原素。

（二）“柏拉图的固定理念界”说——柏拉图（Plato）——生于公元前427年。二十而从苏格拉底学。凡八年而苏格拉底逝世。年四十而游意大利、西西利等地。亦数数从事政治，略无所成，盖讲学著书者凡五十年。寿八十而卒——这，只是方便一提起而已，其实尽人皆知。

柏拉图的“理念”说，源出于苏格拉底的辨证论。据苏格拉底，凡人的识感的对象与思想的对象夐乎不同。识感的对象皆“变易”，而思想的对象皆“是”。在思想上我们懂到如何谓之“相等”，但在识感上，我们从来未尝见到有两个“相等的”石头或木杖。凡我们谓其为“相等”，皆是指其“趋于”或“近于”相等，而如理实，两石头或两木杖绝不会相等。但是因其“近于”相等了，差不多了，所以仍属于“变易”，而非即“是”。例如圆周率，直一周三，此三后还有若干位小数，只达到近于全“是”。——以此而推定一无声无臭无色的真实，仅可在思想中得。思想世界和识感世界可判然划分。

其次，便当明所谓“形式”。倘若我们见到某事某物是美，则必然假定有此一美的形式。那么，我们便可问是什么使此一对象美丽？我们尽可说这样那样，说是色彩，说是光线……但皆不足以解释此一语："这是美！"那么，苏格拉底也作了一简单解释："倘若有什么事物出乎'美'以外而是美底，则是'美'使其为美底。"换言之，是美底"形式"之当前，乃使其为美丽。其他种种形况皆然。在一语句中，这表之以动词，"是怎样"或"是什么"。这便成其为一"形式"。然则凡某一识感的对象，便是若干个这种动词的集合，每个是一可知之"形式"。在这义度下，识感世界与思想世界又没有分别了。另一方面，我们凡述说一物的这些"形式"，没有一个"形式"是全然存在于此一物中的，只好说此物"参与了"其中所有的某些"形式"。离乎此，此物亦无独立底真实性。（在此，我们不妨问：如何是"现量"，是否有独立底真实性？——这问题可提出，因为哲学在此是讨论普遍性的，则不当分别其为印度的或希腊的，因为普遍性的，其理必是同一。——据这观点，"现量"亦复属于一"形式"，是还未入乎思想中之识感知，现量所得，离此亦无独立底真实性。）若我们于某一物所"参与"的形式皆知，则于该物亦无余事可知。

柏拉图于此论更进了一步而推演说，事物"本体"之可知者，唯属于思想，属于概念，唯属于"形式"或"理念"。吾人通常于事物之知识，多属意见或"表呈"。某事物对吾人之"表呈"，即吾人于该事物之意见。然"表呈"非正知识，虽正确犹在向正知识之半途。正知识之获得，取决于科学底思维，此与"表呈"之形成不同，必取决于“理念”之真实性（其“形式”[eidos]与“理念”[idea]同义）。如赫那克莱妥斯所云，万物皆变易无常，永远游离于两相对立之境况间，无有表出其纯粹而全般之性格者。然则凡为常，为纯粹，为自体一致者，仅能在思想中得。此即直属于“形式”或“理念”。

复次，谓求物事之真元于其“形式”或“理念”中，是谓求之于“普遍者”中。普遍者谓于多个个体为共通者，即所以成其一共通概念者。于此，或可得事物“本体”之知。吾人以一共通名词，表述若干分别事物，于此乃得一“理念”。反之，若某一分别事物如其为一分别事物，则不能成为一“理念”。而此“普遍者”，非独存在于吾人之思想中，或天神思想中，实纯粹自体存在而存在于其自体中，其形式常为同一，无有任何变易。此为永恒之样本，凡“参与”其中者皆以之为图样，然皆与之相分。是由此一独立存在，乃使其成为真实性独有之真实原始原素，凡变易者之有何真实性，皆资取于此。而“理念”又名自体存在者；因每一类事物仅有一“理念”，故又为——“单元”。赫那克莱妥斯言变，柏拉图于此言“不变”。其“理念”向吾人表呈“本体”，且以之为科学之真正目标。

复次，此事物之“本体”或真元非全无分辨者。凡物之具“本体”者，作为一定之对象，自有其一体性，然有其质素之多性，又因其与他物相异，故其“他体”或“非体”之量无穷。因此，在每一概念，我们当问究何者为其他概念，此概念能与之相合或不能与相合者。结果柏拉图双非唯有“一”而无“多”与唯有“多”而无“一”之论（见其所撰《巴门尼迭斯》[*Parmenides*]，附本疏释之末）。

复次，“理念”之不变易性，非谓其不能为变易者之因。凡变易者，皆由之得其所具有之“本体”，故又云“理念”，乃凡物以之而为其物之因。如“善”之一“理念”，乃一切完善，一切“有体”与知识之因，而“神圣理智”与“善”同一，故此为世间之秩序与理智之因，而真实“本体”，为一活动能力，凡一切动作，生命，心灵，理性，皆归属之。然则“理念”虽为不变，而有此一动力概念存，则可谓为其一方面，然后其说圆成。

由是以观，此所谓“理念”，亦不过普通概念，认其有分别存在，且认为形而上学之真实而已。然而凡事物必有其“理念”可归于概念者，而表之以相应之名词。在柏拉图著作中，诚亦如是。凡本质，性格，关系，活动，自然对象，人工创作，贱者，贵者，良者，劣者……皆有其“理念”，如“伟大在其自体”，“名在其自体”，“双重在其自体”，“床在其自体”，“奴隶在其自体”……以及“污秽”之“理念”，“非体”之“理念”，“非正义”之“理念”……凡此“理念”间有一定之关系，将此关系组织而纲领之，乃科学之使命云。

柏拉图晚年，稍将“理念”限于自然对象，亦尝谓“理念”即“数”，此则遵从毕达哥拉斯派学说。其“至善”之“理念”乃一切“有体”与知识之极因，使凡物得其真实性者，故亦为宇宙之“本体”，则可谓为上帝。然柏拉图未尝于人格性之上帝作何说。

室利阿罗频多于此文中，说“一发源着的真实理念”与“一原始底理想方案”，指此。世界乃理智之工作，凡变易无常之万事万物，皆以宇宙之“本体”为极归，此则与安那萨葛拉斯（Anaxagoras）且与苏格拉底同说。

（三）“愤怒之神”(Furies)，即Eumenides——据希腊神话，其数凡三。皆Saturn 之血所化，名Tisiphone, Megara, Alecto，皆女性。专主惩恶，在世间以战争、祸乱、瘟疫，以及良心之刺痛为惩罚之工具。在地下阴界则加罪人以鞭挞与毒楚。又被称为Furiae, Erinnyes, Dirae，然Eumenides字义表“仁惠”“同情”，则得于停止惩罚Orestes 之后，Orestes 固尝为报杀父之仇而杀其母者，由Apollo 为之湔涤，则亦原其情，Orestes 乃为三者立庙。古希腊各处皆有其庙，凡人讳其名，亦不敢窥此建筑。人若有罪而入之，则必自生愤怒，理性皆失。祀用鸽，用羊，用酒，用蜜。神话谓其像皆狞猛，着血染之黑衣，头上盘蛇，手执火炬与蝎子棒。在阴界则坐于Pluto 之座位，司复仇。

（四）“在‘权能’的义度中看世界者”——这是指思想家而言。此后则有卡力克列斯（Kallikles）。至若欧洲从希腊罗马以后，凡实际政治家及英雄人物，几无一不以此眼光看世界。若哲学方面，诚以赫那克莱妥斯为第一人，在文艺复兴时代可推玛启惟理，近代则有尼采。

这交换的性质是什么呢？是争冲（eris），是战争(polemos)！战争的规律和结果是什么呢？是正义。那正义如何施为呢？由力量的一公正底紧张与赔偿，乃生事

物的和谐，因此，我们假定，乃产生事物的安定性。“战争是一切之父，一切之王。”“一切事物依争冲而变是。”“知道那争冲便是正义。”——凡此，皆他对这事的主要简言。起初，我们见不到为何交换应当是争冲；这倒像是贸易。争冲是有的，但为何不当应也有和平底愿意底互易呢？赫那克莱妥斯于此却一点也不要；不要和平！他或与近代条顿人同意，商业本身便是“战争”的一部分。是真，有其贸易，黄金换供应品，供应品换黄金，但此贸易本身及其一切情况，皆受制于宇宙的“火”之一更强底甚且是一暴烈底驱迫。这便是他说“愤怒之神”追逐太阳的意思；《奥义书》也说：“为了畏惧‘他’，神风便吹……死神便跑。”且在一切有体间，有一恒常底强弱比试；以斗争它们方得存在，由于斗争它们的度量乃得保持。我们见到他是对的；他摄得了宇宙“自性”的原始一方面。世间万事皆力量之一冲突，由那冲突和奋斗与扳执与角扭，不但事物得其存在，亦且保持了存在。是“业”？“律则”？但各个律则相遭遇且相竞争，以其间之紧张，世界的平衡是保持了。而“业”呢？这是一恒永底迫促着的“权能”之一雄强底正义，是“愤怒之神”追逐我们，倘若我们越轶了我们的度量。

疏释

（一）《奥义书》云云，此出《羯陀奥义书》，第二章第六轮，第三颂。原文如下：

bhayādasyāgnistapati bhayattapati sūryaḥ,

bhayādindraśca vāyuśca mṛtyurdhavati pañcamaḥ

拙译如次：

"火神畏'彼'故，炽然散光精，

太阳畏惧'彼'，发热舒其明；

因陀罗，涡柔，第五为死神，

皆因畏惧'彼'，急尔前路遵。"

（二）"业"，音翻"羯摩"(karma)

此即通常所谓"善业""恶业"之"业"。它是宇宙间的一律则，其因果性几乎是机械底。但室利阿罗频多自己说过："有三种权能或力量，弥漫于这宇宙间。第一，即宇宙'律'，称为'羯摩'或其他什么。第二，即'神圣同情'，这透过法律之网尽可能触及最多的人，给他们以机会。第三，即是'神圣恩慈'，其施为更不可测度，却亦比其他的更不可抵抗。"余参拙译《薄伽梵歌注释》第二十三页。

赫那克莱妥斯争辩说，战争不徒然是不正义，混乱底暴力；战争是正义，虽是一暴烈底正义，唯独可能底一种。再度从那观点看，我们见到他又是对了。由所费的能力及其价值乃决定结果，凡两种力量相遇之处，能力的发施便是强弱的比试。然则报偿对强者岂不应依乎他的强力，对弱者依乎他的弱点？至少这在世界上是如此，是一原本律，虽隶属于强者对弱者之扶助，究竟这不必定是一不正义或越轶度量，不论有无尼采和赫那克莱妥斯之说。而且究竟说来，有时在柔弱之后，岂不有一奇巨底强力，加于被压迫者正本压力，刚激起了它的暴烈反动，如弓弦之退返，宙斯，永恒底“火”正保守着他的度量？

疏释

（一）“荷马是错了，当其说：‘唯愿斗争在天神和人类中绝迹。’因为倘若是那样呢，则万事万物皆会绝灭了。”（第四十三则）

此语出自亚里士多德所引，诸家所译，主旨无异，而出文微有不同。“唯愿……”以上，皆译家补辑。“因为……”以下，或缀为“因为倘没有高、下，便不会有和谐；倘没有阴、阳性的对待，便不会有动物”。

阴、阳对待之说，治《易》者读之当莞然。而高、下、和谐之说，指声音，在我国春秋时，晏子已论及了（参《左传·昭公二十年》)。是论“和”与“同”之异而相济。

（二）“有时在柔弱之后，岂不有一奇巨底强力……”云云。这是普遍事理。但室利阿罗频多说这话，另有心理背景，是印度当时尚未独立。这文字撰于1916年杪，到1917年中。第一次大战尚未结束。室利阿罗频多虽然退隐，是梦寐也未忘祖国独立的。而后下的“非暴力运动”等，大大是运用了心灵力量，以抵抗压迫。

至若比喻“弓弦之退返”，这在物理上是一事实。射一枪弹或发一弓箭，同时必受到一“反坐”之力。最新式飞机，便是利用这原理，激空气后退乃使飞机前进。

这里有一微细处宜辨：强力本身所附带或必有的挫折亦即其弱点，强力所施的对象所发出的抵抗之强或弱。——这里又与《老子》学说相合。“柔弱胜刚强”。“天下莫柔弱于水，而攻坚强者莫之能胜，其无以易之。弱之胜强，柔之胜刚，天下莫不知，莫能行”。“人之生也柔弱，其死也坚强；万物草木之生也柔脆，其死也枯槁。故坚强者死之徒，柔弱者生之徒。是以兵强则不胜，木强则共（通‘拱’）。强大处下，柔弱处上。”——皆是就对抗而言。然强者本身的弱点，变相亦等于对方的抵抗。

凡此，皆是拟喻之说。人事，则从来没有一事可消归这么简单的公式。如何为强，如何为弱，既属复杂，亦复甚为相对，若在历史上寻事实为证据，则其事实不胜枚举，然《老子》之意，亦如希腊哲人之意，胜败的最后决定者非相敌对之两方，而为第三者曰“道”。最后胜利，归之于“有道者”。

不但在有体与有体之间，力量与力量之间有战争，即在各个内中有一永恒底对反，互相反对者的紧张，是此紧张，乃造出对和谐为必要的平衡。然则和谐是有，因为宇宙本身在其结果上是一和谐；但这是如此，因为在其进程上这是战争，紧张，对反，永恒底冲突者之一平衡。真底和平必不能有，除非你说和平是指一安定底紧张，相敌对的力量间的权势之均等，一种相互的过渡力量之中和化。和平不能创造，不能保持任何事物，而荷马（Homer）的祷告，唯愿战争在天神与人类中消灭，是一奇巨底乖谬，因为那会是世界的终结。一周期底终结可能有，不由于和平或调协，而是由于大焚毁，由于“火”的袭击（to pur epelthon），一火的裁判和定案。“力量”创造了世界，“力量”便是世界，“力量”以其暴猛性保持着世界，“力量”将结束这世界——且永恒重新创造它。

疏释

“与另一个奋斗的，支持了自体”（第四十六则）。

“分别着的，乃与自体相合”（第四十五则）。

赫那克莱妥斯之非毁荷马，皆从其斗争论出，如谓“隐秘底和谐，胜于明显底和谐”（《简言》第四十七则）。则仍以“和谐”为指归，同于儒家之“致中和”。

六

赫那克莱妥斯是第一且最一致底一位相对律则的教师；这是他的本原哲学概念的逻辑结果。万事万物，既在其本体上是，在其变是上为多，则结论是凡物在其真元上是一。昼与夜，生与死，善与恶，只能是同此一绝对真实性的不同底方面。事实上，生与死为一，我们可从各个观点说，凡死皆只是生的一进程和转变，或说凡生皆只是死的一活动。如实，二者皆为一个能力，其活动向我们呈似方面之为两。从一个观点看我们皆非是，因为我们的生存只是能力的一恒常变换；从另一观点看我们皆是，因为在我们内中的有体常是同一，保持着我们的秘密同一性。同然，我们只能从一纯是相对底观点，说某事物为善或恶，公正或不公正，美或丑，因为我们取一特殊立场，或着眼于某一实际目的，或某一时有效用的关系上。他举出了一譬喻，“海，是纯洁亦最不纯洁底水”，对鱼类为佳原素，对人类为可憎，不可饮。而这又岂不于凡物皆然？——它们在真实性上皆是同一；而得其质素和性能，皆由于我们在此变迁世界中的立场，由我们的视见的性格，以及我们的心思的组织。一切事物皆旋圆回转到永恒底一体性，在其始与终皆是同一；只是在变是的弧线上它们自体殊异且互相殊异，在那里它们彼此没有绝对性。昼与夜同；只是以我们视见的性质，我们在地球上的据点，我们与地球与太阳的关系，乃造成其异。于我们为昼者，于他人为夜。

疏释

（一）此段所言之相对性，颇合乎庄子。如海水喻，尚有其他喻说数则，兹未列举，亦不必深论，类言猿猴、豕、家禽等；如举《齐物论》里一段参看："且吾尝试问乎汝：民湿寝，则腰疾偏死，鳅然乎我？木处，则惴慄恂惧，猿猴然乎哉？三者孰知正处？民食刍豢，麋鹿食荐，蝍且甘带，鸱鸦嗜鼠，四者猿熟知正味？猵狙以为雌，麋与鹿交，鳅与鱼游。毛嫱，骊姬，人之所美也，鱼见之深入，鸟见之高飞，麋鹿见之决骤，四者孰知天下之正色哉？"主旨略同。

至若"生死存亡之一体"，亦见前注。

（二）末句"于我们为昼者……"参《薄伽梵歌》第二章第六十九颂。

因为这于善与恶的相对性之执着，赫那克莱妥斯被人认为是宣传了某种超道德论；但我们应小心察看赫那克莱妥斯的这超道德论究竟归结到什么。赫那克莱妥斯不否认一绝对者存在；但于他，此绝对者当求于“一”中，于“神圣者”中——不是群神，而是唯一无上之“神”，“火”。有反对他者，以为他以相对性归于上帝，因为他说那第一原则，是愿意却又不愿意被称以宙斯之名。但必然，这是完全误解他了。宙斯一名，只表现于“神主”的人类的相对底理念；因此，虽上帝接受这名称，“他”不为此名称所拘束或限定。我们对“他”的一切概念，皆是局部底，相对底；“‘他’是随人所愿乐而称名。”这不多不少是《韦陀》所宣布的真理；“一存在者，圣人以许多名字称之”。大梵 (Brahman) 是愿意被称为毗搜纽 (Vishnu)，他却又是不愿意，因为他亦是婆罗门与摩醯湿伐罗 (Brahma, Maheshwara,“大自在”)与诸天神，和世界，和一切原则，及凡存在者，却又不是此任何一个，不是这，不是那 (neti, neti) 。如人这么接近他，他便如是接引他们。但此“一”对赫那克莱妥斯，如对《韦檀多》学者，是绝对的。

疏释

（一）“一切人类律则，皆以‘一’‘神圣者’而支持其自体。”（《简言》第九十一则）“支持”与“保养”同义。

上帝是“双超善恶”（第五十七则，第六十一则），“愿亦不愿意被称以宙斯之名”（第六十五则）。

（二）“不是这，不是那”——此诸《奥义书》中极常见语，或译“非此也，非彼也”。换言之，什么也不是。反推之，万有无不是“大梵”。此《韦檀多》学胜义。此“大梵”即《薄伽梵歌》之“自我”。《薄伽梵歌》亦算《奥义书》之一。

（三）“如人这么接近他，他便如是接引他们”。——此出自《薄伽梵歌》第四章第十一颂，拙译：

“人如是其就我兮，‘我’亦如是而佑之。……”

（四）这所谓“超道德论”(supermoralism)，乃合乎老子之学。那一绝对者，仍是“道”，是“一”。亦文中所言之“神圣者”——若论其称谓，则“道常无名”。若以“名”为“实”宾而言，则此“实”即老子之所谓“朴”。以下言此“朴”之实际，如“朴虽小，天下莫能臣也。侯王若能守之，万物将自宾。天地相合，以降甘露，民莫之令而自均。”那么，在这种境界上加之以名，乃曰“始制有名”。既有其名，则为名所囿。故曰“名亦既有，夫亦将知止”。“知止”即知其限度。——总归“道”是——绝对者，又是一无限者。“有物混成，先天地生，寂兮寥兮，独立而不改，周行而不殆，可以为天下母。吾不知其名，字之曰道。强为之名曰大。大曰逝，逝曰远，远曰反……”——本无名，故曰“无名天地之始”。不得不勉强为之名。此无不是亦无不在。如《庄子》所云“在蝼蚁”“在稊稗”“在瓦甓”等（《知北游》）。无不是则非一是，故《奥义书》称之曰“非此也，非彼也”，称“大梵”则无不是。以雅言出之“稊稗瓦甓，皆大梵也”。

（五）这里更有“火”之一喻，亦见庄子(《养生主》)。是秦佚吊老聃之死所说：“适来，夫子时也。适去，夫子顺也。安时而处顺，哀乐不能入也。”古者谓是帝（通“蒂”）之县（即“悬”）解（此谓如瓜果之熟落，其蒂之悬必解）。“指穷于为薪，火传也，不知其尽也。”——似乎也说“火”是一永生原则。薪尽而火不尽。

这从他的一切名句看是明白的；昼与夜，善与恶，皆为一，因为它们在其真元上皆是“一”，而在此“一”中，我们于其间所作的分别皆消失了。万事万物中有一“言”，一“理”——Logos，而那“理”是一；只是凡人以其心思的相对性，各自将其化为个人的思想和看事物之法，且依照此可转变的相对性而生活。这便推论到有一绝对底，一神圣底事物观。对上帝，一切事物皆是善底，公正底，但凡人以某些事物为善，某些事物为不公正。然则有一绝对底善，一绝对底美，一绝对底正义，凡一切事物皆其相对底表现了。有一神圣秩序在此世间；每一事物之尽其性，皆依照其在此秩序中之位置，且居于此万物之唯一“理”中的恰当地位和对称中，便是善，美，公正；恰是因其圆成了那“理”，依据了永恒底度量。举例说：世界大战，有些人可能认其为恶，仅是一场屠杀之可怖，但对另外某些人，因其对人类开启了新底可能性，却可能似乎是善了。这同时是善亦是恶。但那是相对看法；在其整体上，在其一神圣目的，一神圣正义，一神圣力量之发施其自体于事物的大理智中，在圆成凡此之每个和一切情况上，从绝对底观点看，这是善，是正道——对上帝，不是对人，如此。

是否这便推论到相对观点是全然无效呢？未尝须

臾如此。反之，这应是神圣“律则”的表现，适当于每个心思，一随其本性和立场的需要。这，赫那克莱妥斯明白说出了：“一切人类的律则皆为一个所持养，神圣律则。”此一语应足够保障赫那克莱妥斯不遭“自语相违”(antinomianism) 的攻击。诚然，没有人类法律是神圣正义的绝对表现，但它从之取得其有效性与核准；它之有效，是为了它的目的，在它的地位上，在它的恰当时间里，有它的相对底需要。虽人们于善于正义的见解，在变易的转换中也变化不常，可是人类的善与正义在事物的川流中常住，保持一度量。赫那克莱妥斯承认相对底标准，但作为一思想家，他不得不超出之以外。大全同时为一为多，为一绝对者和一相对者，多的一切关系皆为相对者，可是皆回到那在它们内中为绝对者，为其所保养，以之而常住。

疏释

这里说昼夜之为一，乃以之为相对者之喻，始有其义。喻之于阴阳，善恶，以至生死，乃中西之所同。重在双是且双超之道。如大《易》“通乎昼夜之道而知”。据《庄子》:“老聃曰：……夫天下者，万物之所一也。得其所一而同焉，则四肢百体，将为尘垢；而死生终始，将为昼夜，而莫之能滑（滑，借为汩），而况得丧祸福之所介乎！”(《田子方》)

至此，赫那克莱妥斯尚未推之如《庄子》说“真人”之远。“死生，命也。其有（训‘犹’）夜旦之常，天也。……”(《大宗师》)天“一”，即此文所谓一，人“不一”，即此文所谓“多”。“有真人而后有真知”，庄子充分叙述所谓“真人”，欲借此以表达“真知”，以今言出之，无妨曰“真理”。终于说：“……故其好之也一，其弗好之也一。其一也一。其不一也一。其一与天为徒，其不一与人为徒。天与人不相胜也，是之谓真人。”——转化为“真人”之后，始可得知其真理，此自古至今中西精神寻求者所同致力之处。真理超出名言，然可契悟证会。换言之，是扩充此凡人知觉性，透入“真理”界，则可了悟……寻常所谓“百尽竿头更进一步”，径路绝而风云通者，其关键亦在于此：个人的知觉性既已扩大，增高，加深，真近于弥纶了，则此能知者可变到与所知者合一。凡超出名言为“不可说”“不可说”者，转而仍有可表明；从来精神哲学皆于是安立，因为此际是“与天为徒”。

七

至此，我所着重探讨的赫那克莱妥斯的理念，皆属普通底，哲学底，形而上学底；它们顾望生存的那些第一真理，“天神工作的初始律”(devānām prathamā vratāni)，皆哲学所最先寻求的，因为那皆是启开一切其他真理的钥匙。但其于人类的生活和企慕上的实际功效是什么呢？因为，那终究是哲学对于人的真实价值；在他的自体的性格上，他的心理原则上，他与世界与上帝的关系上，他的命运的固定路线或伟大可能性上，给他以光明。这是大多数欧洲哲学的弱点——不是古代的——皆是太生活于云里雾里了，寻求纯粹底形而上学底真理，过于无外地为了其学术真理本身的缘故；因此，那不免稍觉枯干，因其对人生的关系过于间接了。在晚近欧洲思想家中，是尼采卓然出众，由于他带回了一点古之机动性与实际力量到哲学里，虽在偏重这一倾向，他可能失当地忽略了哲学思维的辩证与形而上学方面。无疑，我们寻求“真理”，皆应当首先为其本身的缘故，不宜从任何预存的实际目标和成见出发，那会扰乱我们对事物的公正见解；但时若“真理”已给寻到了，其于人生的关系便变到大为重要，乃成为我们在研究上费了劳力的坚实辩护。印度哲学，常是了解了它的二重功能；它寻求“真理”，非徒作为一智识底娱乐，或为理智的自然轨持（dharma，达摩），却为了知道人可如何以此“真理”而生活或企及它；因此在宗教上，在社会理念上，在人民的日常生活上，有它的亲切影响，在印度人民的心思和行动上，有其浩大底推动能力。希腊思想家，在毕达哥拉斯（Pythagoras），苏格拉底（Socrates），柏拉图（Plato），画廊派（Stoics），和耶毗鸠鲁派（Epicureans）皆曾有这实际目的和主动力量，但它只在少数文化人物发生过作用。那是因为希腊哲学，失去了其与“神秘道”的古老亲谊，将自体从流俗宗教分开了。但如寻常是唯独“哲学”能给“宗教”以光明，救其鄙俚，愚昧，与迷信之弊；同然，唯独“宗教”能给予（除了少数）“哲学”以精神热忱和效用能力，而挽救其变为不实际，抽象，无生育之失。这两神圣姊妹分手以后，于两者皆不幸。

疏释

于此读者宜返观我国情况，兹略提出数点，限于体例，姑不阐论。

七

（一）古之“礼”，在孔子以前，以近代眼光看，双包宗教与哲学。许多仪文，至今只合在宗教中摄。

（二）子思出而儒学有独立之哲学倾向。曾子之儒学传，下至孟子，儒家哲学卓然确立。而宗教精神亦犹未失。于荀子见一别枝而终场。

（三）墨子之宗教精神偏胜。而宗教仪法大被其非难。

（四）惠子、公孙龙子等皆纯思辨哲学，与希腊哲学——智论师或游士派——相同。

（五）老、庄出而清谈起，哲理胜，宗教精神衰。

（六）佛法入，虽本原非宗教亦非哲学（如晚近欧阳大师辨之甚明），而二者之精神并存。

（七）道教兴，斋醮盛，天书起，而其哲学衰。

（八）禅宗盛而宗教与哲学双泯。

（九）陆、王出而二者之精神合。朱子亦然。宋、明理学俱有恢复古“礼”之倾向。

（十）近代中国无似古西洋之哲学，亦无似今印度之宗教。无其利亦无其害。

（十一）目前为俱收并蓄时代，一皆取之域外。

（十二）将来似可望“精神道”之大发扬，二者双超。

但时若我们在赫那克莱妥斯的名言中，寻求他的伟大基本思想于人生的应用，我们便失望了。他给我们很少直接指导，大致是让我们从他的优秀理念之充实富藏中提取我们自己的利得。可称为他的贵族人生观者，我们可能视为他的哲学概念之伦理结果，以为“权能”是原始原则的自性。他告诉我们，多的是不好，少的好，对他是一人等于千万人，倘若那是最优者。知识的“权能”，德操的“权能”——德操，他说，是人的神圣力量——权能与优越性，普通在人生中是占势力的事物，而且皆有无上价值，在其高上与纯洁程度上，于凡人为稀有，皆是少数人的艰难底造诣。从那，如其为够真实，我们可抽绎一社会哲学和政治哲学。但民主人士很可能答复，倘若在一人中或少数人中，有一优越底、集中了的美德、知识和力量，同样，在多数人中也有一分布了的美德、知识和力量，倘若那集体也发生作用，可重过且超过孤单底或稀有底优越性。如古之印度思想亦如此认定，倘若国王、圣人、最优者皆毗搜纽本身，到那么一种程度非“平常人”(prākṛto janāḥ) 所能企及，则凡夫 (“the five”, 见疏释)、群众、平民亦皆如是。“神圣者”是“通体”(samaṣṭi) 又是“别体”(vyaṣṭi), 显示于集体中亦如于个人中，而赫那克莱妥斯坚执的正义，要求二者皆当有其功效和价值；二者诚然相互依倚，资藉，以发抒其优越性。

疏释

（一）关于政治的《简言》，可录出数条如下：

“人民应为法律而战，有如保卫自己的城墙。”（第一百则）

“听从一个人的提议亦是法律。”（第一百一十则）

“我以为一人胜于万人，倘若他是第一流。”（第一百一十三则）

“伊西菲亚人最好皆上吊，每个成年人，让该城给无须的少年人管辖，因为他们逐走了赫模朵乐斯，他们中间的最优者，说：‘我们全不要我们中间什么最好底人；倘若有这种人，让他在旁底地方、在其他人民中去。’”（第一百十四则）

赫那克莱妥斯出身贵族，自易有此藐视群众的思想。

（二）“凡夫”(the five)——即是说寻常底一家之主，即治家理事的人，因为一家中保持五个火，是古《韦檀多》的传统。另义为作五种常仪的人，即作默祷，作供奉，作斟灌，浴神像，施食与婆罗门。——谓之“凡夫”。

（三）“神圣者”显示于集体中——此即柏拉图之“世界心灵”。

赫那克莱妥斯的其他名言皆饶有趣味，如他肯定人类法律中的神圣原素——那也是一深奥且有功果的简言。他对流俗宗教的观念皆为有趣，但只在表面上推动，且虽是在表面上亦不将我们推进多远。他以一猛烈底蔑视，拒斥古代玄秘法门在当时的堕落，从之转向真实底神秘法，属于我们的本体和“自然”的，那“自然”，如他所云，爱隐藏，充满了神秘，永远是微奥的。这便是一表象，古“神秘道”的学术堙沦了，精神意义已离去了它们的象征，甚至有如在韦陀时代的印度为然，但在希腊未尝有新底强大底运动，如在印度一样，能代以新底象征，于其隐藏着的真理作新底更属哲理的重述，代之以新底训练，“瑜伽”诸派别。有些尝试，如毕达哥拉斯的，是作了；但希腊大体上随着赫那克莱妥斯所作的转向，发展了对理智的敬拜，让古之玄秘宗教之遗余，化为一庄严底迷信，和一成俗底奢靡。

疏释

（一）“人类法律中的神圣原素”云云——原来的《简言》（第九十一则），是“一切人类的法律，以唯一‘神圣者’支持自体”。

（二）“猛烈底蔑视”云云——原来的《简言》（第一百二十四则），斥当时的神秘道人士为“梦游人，魔术士，酒醉汉 (Bakchoi)，荒怪者 (Lenai)，神秘人 (Mystai)”。此大概指当时之阿菲派人物 (Orphics)。Clement of Alexandria 引此语，谓赫那克莱妥斯尝以将来之报复恫吓此辈云。

（三）“新底强大底运动”云云——这指《韦陀》时代以后，《韦檀多》学勃兴，其于古仪法等之反对甚力（参拙译《薄伽梵歌》第二章，第四十三颂，四十六颂）。其于牺牲祭祀亦皆取抽象义（参《歌》第四章，第二十四、二十五、二十六、二十七、二十八、二十九、三十、三十一、三十二颂；第六章，第一颂）。

此后则诸派哲学起，更成其为思辨的讨论了。

（四）“瑜伽诸派别”云云——大抵指炼气作体式等

之“赫他瑜伽术”(Hatha-yoga) 及“罗遮瑜伽术”(Raja-yoga)，即主调心者（参拙译《瑜伽论》及《瑜伽书札集》）。

（五）“毕达哥拉斯”云云——毕达哥拉斯退隐到意大利的克罗通那 (Crotona) 以后——其时年近四十——自创一教会或修会，称曰Italian，接收门徒甚众，其规律颇严，最善谈辩之士，必随从五年，然后许发问，沉默之士，试学两年后即可参加讨论。所教者，内外并重。毕氏本人，原以算学、医药、哲学等著名。其讲学目的，主要在尊德性；日常生活中颇多禁戒，如禁止肉食及豆类。诸生每晨入山林孤独之处默自观省心身之过，然后略进淡薄之早餐而相聚讨论。类皆哲学及政治问题，入夜则其仪轨略与晨间同。如是讲学授徒，而其地之风俗浸变，以至于父慈子孝夫爱妇顺，而其徒众成德达材者多，后皆为政治当局所乐用。及毕氏死而渐衰。（卒年不详，多说其卒于Metapontum，时当公元前497年云。）

更饶有趣味的，是他斥责以牺牲祀神；他说这是徒劳于纯洁化，是以牲血染污自己，有似乎我们用泥涂洗涤泥涂之足。于此，我们见到是同一反叛路道，反对一世界性的古宗教习俗，如在印度一样，毁掉了韦陀教的牺牲仪法——虽然佛陀的伟大慈悲冲动，未尝有在于赫那克莱妥斯之心：在古代地中海岸诸民族中，怜悯从来未能成为一强大底动力。但赫那克莱妥斯的言语诏示我们，古代在希腊和印度的牺牲礼制，非徒是请召野蛮底天神之一榛狉办法，如近代研究误会地结论到的；它有一心理底意义，要使心灵纯洁化，一如召请高尚有助益的权能，因此全然可能是神秘底，象征底；因为，如我们所知，纯洁化乃古之“神秘道”的主要理念之一。在《薄伽梵歌》之印度，在犹太教，因先知者流与耶稣而发展，古旧底物质象征，尤其是血膋祀事，皆被贬抑了，然牺牲的心理意义仍被保留，着重了，配备了更微妙底象征，如基督教中的“圣餐”，以及信士在湿婆或毗搜纽庙中的奉献。但是希腊以其理性倾向，以其宗教意识之不充足，未能挽救其宗教；它趋向那严格底分辨，以哲学和科学置于一边，以宗教置于另一边，这成了欧洲心理的那么奇特底一性格。于此，赫那克莱妥斯，如在许多其他方面，是一位先驱，西方思想的自然倾向之一指点者。

疏释

这上一段提及赫那克莱妥斯斥责牺牲祀神的事，这亦是对该时代习俗的讥评。曾说：

“在群众中所谓‘神秘道’者，皆是不神圣底仪文。”（第一百二十五则）

更说：

“倘若不是崇事狄阿尼修斯，他们的游行以及歌颂生殖的诗唱，皆会是羞耻底表演。但狄阿尼修斯，他们兴奋谈起，大张宴会而崇奉的，便是哈迭斯。”（第一百二十七则）

这便是说："酒神"即是"死神"。

"时若染污了，他们便以牲血洗净自己，好似已踏入泥泞中的人，更以泥泞洗净自己。如或有人见到他这么做，应当看他是疯了。"（第一百三十则）

这所谓"染污"，便是内疚神明，作了什么事，感到违背了天良，对不起上帝，于是用牲畜去作祭祀，赎愆，表示忏悔。

于此值得略略检讨我国古代的办法。因为"牺牲"之事，在全世界各民族中皆有。问题涉及民族性和奉祀者的心理背景。

这似乎是物质环境所决定的事：我国古代很早已脱离游牧社会而入乎农业时代。因此先王制礼，于崇德报功之祀事，未尝废牺牲，然亦未尝如古犹太游牧民族之作全燔祭，每祭可杀牛羊若干头而燔之。在事实上是重"质"而不重"量"。因名山升中天之柴燎，所燔者是柴木，不是牛羊。所谓祀天以"质"不以"文"，用的是陶匏瓦器。"太羹"是简单肉汁，不加盐料，"玄酒"便是清水。太庙之禘、祫等祭祀，用"太牢"亦仅为一牛、一羊、一豕而已。特牲之毛色与角状，皆在选择条件下，而且有如何豢养之方法。杀之之前尚当卜其吉与不吉，不吉则另拣其牲牷。这么，似乎甚合中道了。多杀则伤仁，大夫无故不杀羊，士无故不杀犬豕。全然不杀，如梁武帝之用蔬代祭品，则源出佛教之慈悲；所保全者少，其为益不弘。在古代视人与物有分。牲畜皆物，儒者是"仁民而爱物"，孟子之说"是以君子远庖厨也"，是在培养其仁心。赵简子谓“杀马而活人，不亦仁乎！”是以人为主体。至若以羔羊而赎人之罪，或燔祭而净化一己，乃我国古礼之所未闻。

同样惊人的，是他之斥责偶像崇拜，在人类历史上属最早底一人——“有谁向一神像祷告的，是向一堵石墙喃喃作语。”这誓反性的唯理主义与实证主义之无容忍底猛烈性，使赫那克莱妥斯又成了人类思想的一整个运动之先驱。这诚然不是一宗教底抗议，如摩哈默德之反对阿拉伯人的自然主义的、邪教的、崇拜偶像的多神教；或基督新教之反对公教会之美感底、情绪底圣贤崇拜，玛利亚崇拜（Mariolatry）及其用造像和细致底仪文；它的动机是哲理底，理性底，心理底。赫那克莱妥斯诚然不是一纯粹理性主义者。他信仰天神，但是作为心理底当体，宇宙权能，他过于不耐物质造像之朴率，其摄住识感，其翳障天神的心理意义，见不到所向之祷告者，不是石头，而是石头所表相的神圣人物。可注意的，是在他对天神的概念上，他倒与古代《韦陀》见士相近，虽然在他的气性上全然不是一宗教神秘者。韦陀教似乎除外了物质造像，是耆那教和佛教的誓反运动，或者介入了偶像崇拜或至少使其在印度流俗化，普通化了。于此，赫那克莱妥斯亦开了古代宗教之毁灭的路，准备了纯哲学与理智的统治，也造成了一空间，后下为基督教所填补；因为，人是不能独依理智而生活的。及至已太晚了，也有些尝试是作了，要将老底宗教重新精神化，攸理安 (Julian) 和理班尼乌斯 (Libanius) 作了异常大底努力，要立起一新苏底“异教”，以与胜利底基督教争衡；但那企图太不实际了，过于纯属哲理，空无宗教精神的发动力。欧洲已毁掉了它的古代信理，无可恢复，为了宗教不得不转向亚洲。

疏释

（一）“耆那教的誓反运动”云云。

耆那教，在我国古有所知，佛法视为外道之一，称“离系子”或“尼犍子”(Nirgranthah)，自称起源先于佛陀，其最后一圣为大雄（即伐驮摩那，Vardhāmana，圣号Mahāvīra)，为第廿四祖，略与释迦佛同时。为吠舍厘(Vaisali) 人，年卅而父母卒，得其家长之允许，出家而为耆那教之修士，游方十三月后，遂弃衣服，此即佛乘中所称“露体”外道之由来，修行十二年而得“大遍智”，与释迦同。入灭在西元前480年左右，寿七十二。平生得大弟子十一人。其教未尝弥漫五印，亦未尝灭绝，至今犹盛。

该教人士，自古分为两派，一为“白衣派”(svetā-mbaras)，一为“天衣派”(Digambaras)；后者全身外露，有时涂灰，即佛乘中所称之“涂灰外道”。至回教征服印度时，始强其以布蔽体。两派之教义悉同。主旨在出轮回，断生死，除业缚，得涅槃。其于宇宙“本体”，以为有成、住、坏，与韦檀多学之视宇宙本体为“一”为“常”、为无终始、无变易者不同。故其哲学称“本体不定论”(Anekāntavāda) 。

其世界“本质”，则为永恒而不灭，所变灭者，乃其“性格”与“形式”，此与希腊初元哲学同。其因明亦颇精深，辩证法作“或然论”(syādvāda)。

就耆那教理大致观察，其标举心灵之存在与佛法异，余如修为等多同。说原子合成“补特伽罗”（此字义殊于佛乘中解，此当谓“本质”），而原子分“干燥”“沾湿”二汇，因其干湿度之不同，多方多式之结合亦异，乃化为地、水、火、风等。亦近希腊哲学。其与印度诸宗各派全异者，则有其“流质”之说，甚合于我国古之所谓“气”。凡物分为有生物无生物二汇，无生物则有“空间”使其存在，“法”(dharma) 使其动或被动，“非法”(adharma) 使其静，“本质”成其变。此“法”“非法”皆属“流质”，凡心灵与之相接，乃生善、恶、功、罪等；此唯“气”仿佛近之。又谓地、水、火、风等皆有其灵，则其传远在婆罗门道发展以前，可谓犹存初民信仰。

此文所谓誓反者，原取义于基督教新派马丁路德之流，反对旧教即今之公教或天主教。耆那之反对韦陀教，与佛教反对之相同。同为公元前五世纪时之大启明运动。耆那当时与原始佛教同无偶像崇拜。佛灭度后信士所拜者，乃头巾、法轮、履迹等物，皆镌雕于石。及后正法渐失，像法兴起（“像”有二义，一谓“似是”，一谓“造像”），佛陀造像乃繁，及菩萨道大兴，兼之以密乘之陀罗，而造像乃不可屈指计。前后每五百年间，作风出自本土，及所受希腊雕刻影响，在艺术史上皆斑斑可考。

据耆那教理，初亦无重偶像之说。其僧徒所托处，可谓寺观，然为一大空堂 (upāśraya)，既无浴处，亦无厨房，仅有空床，供僧止宿。然后世亦寺庙渐兴，其诸祖之名姓可考，则造像亦立。其大戒之五，为弃世间一切物，不得有私产（余四为不杀一，不诳语二，不盗窃三，不淫乱四）。凡信士与僧徒皆同，故庙有之资产常富。因其戒杀，故不得垦土掘地，与佛教同，然其修正资生之具，乃取给于转贩贸易，贷钱取息，戒律所不禁，故西印度各处庙宇虽崇隆辉焕，而其名稍衰。而信士与他教之居士或修士稍异，盖为僧之初阶或前期；其他戒律极严，如游方不得出若干里，加以衣着等限制（白衣派许着一衣，不洗不脱，全破始易；头发长后不剪不剃，必根根拔除），故迄未弘扬广远，而二千五百余年间，亦未尝衰谢。至今建筑、造像，皆为弘丽，尤以所书经典，世界闻名。至若其戒杀护生，视他教有过之者。每庙必别有一处 (panjarapola)，畜养老病动物，使尽天年。

（二）攸理安 (Julianus)，公元后331年至363年，年三十二岁。生于君士坦丁堡，为君士坦丁大帝之弟。君士坦丁大帝既入基督教，攸理安乃受基督教化，非其所好，年二十四乃游雅典学天算与神术。后任高尔 (Gaul) 之恺撒，屡屡征服该地及日耳曼之强敌。后为其军队所拥立，称奥古斯特 (Augustus)，故于公元361年为罗马大帝。秉政后崇祀古罗马诸神，宣布脱离基督教。其原因不一，或谓其早年所受教过于严刻，或谓雅典哲人深获其心。后征波斯屡胜，伤于战场而卒。其人贤明，服饰朴素，不失为罗马英主之一。临殁犹与一学者议论心灵不灭，略无怨悔。

（三）理班尼乌斯 (Libanius) ——攸理安时代之哲学家，安梯阿希亚 (Antiochia) 人。生卒年月不详。少时受教育于雅典，后在安梯阿希亚办一学院，作育文学英才甚多，皆有名当世。攸理安甚崇信之，爵之厚禄而不受。然所撰述，多经其刊定云。

这么，关于一般人的生活，赫那克莱妥斯没有什么给我们，出乎他在社会和政治上一贵族原则的暗示以外者——我们也可注意到，在几乎一切后下的希腊哲学家，这贵族倾向皆非常强。在宗教上，他的势力倾于消灭旧底信仰，却未尝有效地代之以更深奥底什么；虽他自己不是一位纯理性主义者，他却给哲学底理性主义开了路。但纵使没有宗教，哲学本身至少可给我们关于人的精神命运上的一点光明，对无极限者的一点希望，某种理想底圆成，我们可向之努力的。而柏拉图，为赫那克莱妥斯所影响，却替我们试作这事；他的思想寻求上帝，试要摄持其理想，有其一美满底人类社会的希望。我们知道“新柏拉图派”如何在东方的影响下发展了他的理性，又如何影响了基督教。“画廊派”，尤其更直接的是一班赫那克莱妥斯智识继承人，达到了人类可能洞见的一些理念，极可惊异，且有结果，且达到了一雄强底的心理训练——如我们在印度当说是一“瑜伽”——以之希望实现他们的理想。但赫那克莱妥斯自己有什么给我们呢？直接则没有什么；我们只得尽可能从他的初原原则和僻奥语句中采集。

疏释

“新柏拉图派”（Neo-Platonism）在东方影响下……云云。

自柏拉图卒后，旧学会人士，愈尊信毕达哥拉斯之学，久之，渐厌其数理神秘说，而柏拉图之“理念”论，又罕探求，其理想主义亦堙郁不彰。于是新学会起，此乃卡列阿迭斯所创（Carneades，卒于公元前128年，寿九十八。所创之新学会，又称第三学会，对以前Arcesilaus 之“中古学会”，及Socrates 之“古学会”而言），标举知识之或然性，否定知识之可能；失望于形而上学之探讨，则以实用性为真理之实验，而于古之辩证法，亦无所取材。于启明，则谓赖乎内心之光明，真理，乃直觉以传于心思者。于是柏拉图之学，化为启示哲学，怀疑论遂不复存在。以为唯有超识感者为真，唯神圣照明为有福，其学基于信仰与虔敬二者，流风所被，亦隐约恢复柏拉图当年之学术地位。

顾此新柏拉图学派之发祥地，乃在北非洲之亚列山德利亚（Alexandria），该地为东西方学术荟萃之所；此时之东方，一为波斯，一为印度。Philostratus 尝盛称印度人之学，Apollonius（of Tyana）尝往印度亲访婆罗门学者，基督徒克里门（Clement）且尝闻佛陀（Boutta）之名。卜洛丹鲁斯 (Plotinus) 则随罗马军入波斯，欲考查该国学术。而菲罗 (Philo) 之著述，又可见有犹太教之影响。则谓其有得于东方者，亦属不诬。但新柏拉图学，实亦柏拉图学派之正统发展，未尝失去其希腊本色。要之以卜洛丹鲁斯，与扬必利休斯 (Iamblichus)，及坡费利乌斯 (Porphyrius) 三氏著称，独以卜洛丹鲁斯为卓。三人皆以柏拉图派自命，未尝或自标“新”，亦未尝自称为“学会”人士 (Academician)，其前可称先导者，则为勃鲁塔 (Plutarch of Chaeronea，卒于公元后140年左右，享高寿。其名人传甚著称于世)。

直开此一新派者，为阿孟尼乌斯 (Ammonius Saccas，卒于公元后242年左右)，然无著述传世。尝讲柏拉图哲学于亚列山德利亚，卜洛丹鲁斯从之学者十一年。师徒似学说有异。卜洛丹鲁斯生于公元后204年或205年，出生地为埃及 (Lycopolis) 。年二十七始学于阿孟尼乌斯。244年至245年间尝往罗马，创立一学院，其讲学多公开讨论，似文会而非课室，晚年始著笔为书，然皆为讲稿。尝患目，故亦未尝刻意为，其弟子坡费利乌斯集为六卷 (*Enneads*)（每卷九篇）文颇幽奥。罗马帝 (Gallienus) 及其后妃 (Salo-nina) 甚尊信之，拟建一城于康班尼亚荒原 (Campania)，以实现柏拉图之理想国。然计划未成。平生作隐士生活，善理财。上流社会人士托孤者甚众。年六十六，卒于村舍，近Minturnae 地。时公元270年。坡费利乌斯与之相处六年间，谓其四次亲见上帝云。

卜洛丹鲁斯之学，源出上帝之理念，而以求与上帝合契指归。此盖与印度古瑜伽之学不异。故其说论出自上帝之分体，及返归上帝之路由。谓宇宙之真本源 (to proton) 为无极限，无形式，无界说，无有知识之性格可加，无可说为思虑，意志，活动。此一本源，自为一体，出其自体以外，无任何需要。故其上帝无人格性。盖超乎一切存在思虑以上者，本无可说。所可知者，为有以异于一切为有限者及吾人所知者。

世界之出自此最初原则，有如一射光，此创造有其自然之必需；是故从之而出者，皆与之相关切，以之而存在，终必归返之已。然此能创造之原素，本身为无分，于所创造者为外在。故其学亦可称为“动力之泛神论”。此所创造者距其源头愈远，亦愈不完善，如光明远射，终极必为黑暗，斯则为“物”。中间有最高有体曰“思灵”(nous)，此为直觉者，无时间性，任何时皆为完全。然可知之五汇皆属之，五汇者，一、有体，二、运动，三、静定，四、同性，五、异性。此五皆属现相界（后期新柏拉图派不采此说）。此“思灵”中乃有多性之基，与最初第一原则不同。为“多”特性则分化为超识感之数与理念。此等理念，为各个分别有体之型模，又为活动之权能或灵物。理念皆彼此内在而不相混，故又合于可知之世界之一体（即柏拉图之aútozōon）。此一理念之领域，亦原始美之领域，一切美皆依仿之。

“思灵”(noūs) 完善，必从之有所生产，所产者则为“心灵”。“心灵”亦属神圣之超识感世界；包含理念，本身亦即数与理念，如其为“思灵”之现相，则为生命与活动，为无时间之永生，与“思灵”同。此已居彼世界之边际，虽本身为无躯体而不可分，然倾向于有身体而为可分，故其自性已非如“思灵”之纯一。此第一“心灵”或“世界心灵”，非但居于有身体者之世界以外，亦且不于其上发生任何直接作用。此有其自体知觉性，然知见，记忆，回想，尚不足以当之。第一“心灵”放射出第二“心灵”，有如光线，此则谓之“自然”。此乃与世界之身体相结合者，如吾人之心灵与身体合。第二“心灵”分而为多，多个心灵漫布全世界，然在其源头为一。超识感世界之边境或下缘，以此分为多个之心灵为界际。神圣力量愈降，终则为物，此为显示之最不完善者。

顾卜洛丹鲁斯之第二“心灵”或“自然”之造物，谓其出于澄思默照，非“自然”之画出形相，然宛如委出形体之线条。如第一“心灵”之产生“自然”，亦出自沉思，此与印度《奥义书》说造物主沉思观照而产生万物之说有合。然此希腊说亦重创造之“理”(logoi)，则非《奥义书》所提及者。此创造又为其本性之必然结果，初非立一意志而为，故此世界无始无终，与亚里士多德同说。而其所谓“物”者，形式之虚器，能力之所主，似离乎其能力而存在，然能力实使之存在且使之有意义者。“物”非可触，非可接，近于无有之有。若吾人从一思想对象尽减去使之成为一思想对象者，庶几得之。此则与“物质”不同。此“物”为一切变易之基本，无有形式、界说，为有体之阴影或可能性，可谓之“非有”——

其说与柏拉图同，然卜洛丹鲁斯进而说“物”为一切“恶”之本，由之而出生世界之一切恶，由身体而出生心灵中之一切恶。精神终必化为物，心灵必创生身体为其寓居。心灵形成凡在其下者且照明之，故与之有其关系。

在相当义度下，卜洛丹鲁斯可谓集其已往希腊哲学之大成。所取诸说皆精。其世界观，谓周期之后一切情况重现，则与“画廊派”学说同。物质世界为真实超识感世界之影写，心灵创造之，留其迹象于其间。其间一切皆以数与理念而位列，亦皆前人之说。其时基督教玄秘一派，蔑视自然，则其所斥者，可见保存希腊传统于自然美之好尚。亦相信神明之施为，即高上界对低等界之自然活动。其人类观则纯为复述柏拉图，其说心灵与身体之关系，有如原动力之于其工具，则与亚里士多德同。其他诸说之资于往哲而又加邃密焉者，不胜枚举。

且卜洛丹鲁斯之个人造诣，实有突过前人者。即超出思维以上，入乎一极乐境 (ēkstasis), 独一境 (haplōsis), 突然充满神圣光明。凡神圣“思灵”之直觉，亦即思维精神之直接自体直觉，此固已高出思维之心，然至于“思灵”而止，思维与直觉等之分别犹存。若又超出此而上之，至于证会与原始本体合一，其间一切分别皆泯……此一证会，固东西方圣人所同有者。由此而视世间宗教，稍觉等闲。其弟子谓其视见上帝，指此。

此种哲学，终之以实践或亲证，谓其非受东方学术影响则不可。而其大弟子坡费利又有进者，以为哲学之任务在于其实际效果，在于灵魂之得救。其从入之方，最要者为“净化”，使心身纯洁，灵魂不受肉体之缠缚，则道德之学，讲其制物欲与戒肉食等说，较乃师为详。至其徒扬必利休士则已超出哲学范围，而成为一思维派之神学家。扬必利休士为叙利亚人，著述丰富，阐述柏拉图与亚里士多德之学，其受东方哲学影响，著述中深有可见。

扬必利休士之后，该派徒众尚多，然特出而卓然有贡献者鲜。亚列山德里亚之柏拉图学院，以希帕提亚 (Hypatia) 之领导而盛，然终毁于基督教暴徒之手，以其身殉。时在公元后415年。至若雅典之柏拉图学院，则以研究亚里士多德为主，加之以扬必利休士之神道哲学，而基督教与回教之哲学皆由兹出。五六世纪时，名学者辈出，而以普洛克鲁斯著称 (Proclus, 410年生于君士坦丁堡，年二十而游学雅典，485年卒于该地）。如吾人所知之“新柏拉图学”，至此人而得其定型。其宗教信仰，推及阿菲之神示，巴比伦之卜辞。其系统可谓完善，然内中颇缺思想之自由，亦非任何科学处理，适可与基、回二教之经院哲学并观。虽其后亦颇有传人，然在罗马帝国治下，基督教已盛，至公元529年，攸斯梯宁 (Justinian) 禁止雅典宣讲哲学。柏拉图学院之产业，加以没收。讲师数辈，相率而往波斯。至六世纪中叶以后，则无有柏拉图学派人士而不信基督教。西罗马最后一学者 (Anicius Manlius Severinus Boëthius，生于480年，卒于525年），虽属基督教徒，然实深于柏拉图与亚里士多德之学，以政事关系被囚，狱中曾著《哲学之安慰》一书，凡五卷。其间多画廊派道德观，其人终于被杀 (Theodoric, Ostrogoths 之国王杀之)。古代希腊哲学，至斯而寂响。

赫那克莱妥斯在古代被认为一悲观思想家，我们有他的一两句简语，倘若我们高兴，可从之抽绎出古代的空虚福音，言万物皆是空虚。时间，他说，像一儿童弈棋，数着筹码为戏，在海滩上作堡垒玩，只为了再推倒它。倘若那是最后一语呢，那么，一切人类的努力和企慕皆属空虚了。但这句使人沮丧的话依于哪一原本哲学概念呢？一切皆依那而转；因为，这在其本身，不过是一自明底事实之陈述，事物迁变，形形色色反复暂现忽终。但是，倘若自加表现于形色中的原则皆为永恒，或者，倘若事物中有一“精神”，在“时间”的变迁和进化中得其表述，而又倘若那“精神”寓居于人中，当作他的心灵之永生底无限底权能，则亦无世界之空虚或人类生存之空虚的结论可得。诚然，倘若那永恒底原始原则、“火”是一纯粹物理质素或力量，那么，真的，既是我们内中知觉性的一切伟大底活动与努力，皆当沉没且消归其中，则必不能有悠久底精神价值在我们的存在中，更毋庸说在我们的工作上。但我们已见到赫那克莱妥斯的“火”，不能是一纯粹物理底或无心知的原则。然则他的意思是否说凡我们的生存，徒然是一持续底可变底“变是”，一游戏(或 Lila)，中无目的，游戏而已，亦无终竟，除了断定一切宇宙间的活动皆属空虚，由其退落入原始原则或本质之混然一体呢？因为，纵使那原则，“一”，多之所归往者，非徒是物理底，或全然不是真属物理，而是精神底，则我们仍可像“摩耶论师”一样，肯定世界和我们人类生存之空虚，正因为这一个不是永恒的，而另一个没有究竟指归，除了其所固有的自体消灭，在断定其一切时间性底利益与目的皆为空虚且不真实之后。断定世界归于唯一绝对底“火”，这么便是断定“多”者之凡属时间性和相对性的价值皆为空虚么？

疏释

“时间永远在数筹码游戏。”（《简言》第七十九则）——此指昼夜寒暑相代，即万变之无尽。

那是一个义度，我们能了解赫那克莱妥斯的思想于其间。他的万事万物皆生自战争，以奋斗而存在。这理念若独立，可以引我们采取这结论，虽然他自己未尝分明达到此说。因为，倘若一切皆种种力量的一持续底奋斗，若其最佳一方面也仅是一暴烈底正义，若其最高底和谐仅是对反者间之一紧张，无任何希望于一神圣底妥协，其结局又是被永恒底“火”所判决而毁灭，则我们的一切理想底希望和企慕，皆无是处，在事物的真理中皆无基础。但赫那克莱妥斯的思想有另外一方面。他诚然说万事万物之得以存在是“依乎斗争”，由种种力量之荡摩，为战争的决定性底正义所统治。他进而更说一切皆极致是决定了，有其定命。但是什么决定着呢？力量相荡摩的正义不是定命；在冲突中的种种力量自然是决定着，但时时刻刻，依照了一恒常转变着的平衡，常可因新起的种种力量而修改。倘若事物有其前定，有一必不可免的定命，则这冲突之后必有某权能决定它们、规定它们的度量。那权能是什么？赫那克莱妥斯告诉我们，诚然一切皆依争冲而有，但一切一切皆依乎“理”而得存在（由乎争 kat erin 但亦由乎那“理”kata ton logon）。这“理”(Logos) 是什么呢？这不是事物中一无心知底理，因为他的“火”不徒是一无心知底力量，而是宙斯，是永恒。“火”，宙斯，是“力”，但亦是一“智”，然则让我们说它是一明智底“力量”，为万事万物的原始和主宰。而这“理”(Logos) 在其性质上又不能与人类的理智为同；因为那是一个人底，因此是一相对底和局部底判断和智慧，只能摄持相对底真理，不能摄持事物的真实真理。但这“理”(Logos) 是一，是宇宙底，是一绝对理智，因此结合而且主持“多”者的一切相对性。菲洛 (Philo) 由这一明智底“力量”，发端且统治世界者，宙斯和“火”，绎得他于“理”(Logos) 的解说，为“上帝的神圣发动力，能力，和自体启示”，岂不是正当么？赫那克莱妥斯可能未尝如此说，可能未尝见到他的思想所包含的一切，但他的思想确曾包含这意思，若深测他的各句名言，一一就其理论之前因后果加以排比。

疏释

（一）此上论“理”，且检寻赫那克莱妥斯于此题所说：“虽此‘理’(Logos) 永远有效用，然凡人不能懂到它，不但在未闻以前，亦且在初闻以后。便是说，虽万事万物皆因此‘理’而成，然凡人对此似毫无经验。倘在我于此所表出的这种言与行的看法上评判他们，至少是如此。

“我自己的方法是：各各依其自性而分辨每一事物，特殊辨识其如何作为。——一般人，相反的，在其清醒之时，亦如在其睡眠之时一样，善忘，不关心于在他们的周围和他们的内中所发生的事。”（第二则）

又说：

“我们当使自己被于凡人皆为共通者所领导。可是，虽此‘理’于凡人皆为共通，然大多数人生活是好似每人有一自己所私有的智慧了。”（第九十二则）

（二）菲洛 (Philo) 公元后四十年代间亚里山德里亚 (Alexndria) 之一犹太哲学家，曾被誉为犹太之柏拉图。尝为犹太驻卡里古那 (Caligula) 之公使，因该国王自尊如神，欲将已之造像置于犹太教堂使人敬拜，大遭犹太人反对，故其出使失败而归。尝著书叙犹太人在凯攸斯 (Caius) 治下所受之苦难，朗诵于罗马之元老院，大受赞许。其平生著作分三部，第一部说及世界创造，第二部说神圣历史，第三部说及犹太之法律与习惯风俗。

我们非常接近印度的“大梵”(Brahman) 一概念了，“大梵”是万事万物之原因、原始和本质，一绝对底“存在”，其性质是知觉性 (Chit,“智”)，自加显示为“力”(Tapas,“多波士”; Shakti,“烁克帝”)，动作于其自体的这世界中，为“见士”和“思想者”(Kavir manīsī)，一切中的一内在底“知识意志”(vijnānamaya puruṣa,“智成身”)即是“上主”或“神主”(is, 伊湿; isvara, 伊湿筏罗; deva, 提婆)，自从永古以来，已命定了万事万物而各如其本性——赫那克莱妥斯的“度量”，虽“太阳”亦不得不遵守，他的“事物皆极致是决定了的”。此一“知识意志”便是“理”(Logos) 。画廊派说之为一种子“理”(spermatikos,“元精”)，在知觉底有体中产生为无数底种子“理”(Logoi); 这立刻使我们记起《韦檀多》的“般若身”(prājña puruṣa)，无上底“智慧”即“主宰”，居于睡眠境中，收摄万事万物于一密集底知觉性之种子中，由微妙“神我”(“补鲁洒”, puruṣa) 即心思“有体”的知见而作发。“毗若那”(vijnāna) 诚然是见事物的一知觉性，然不是像人类理智之见其部分和段片，是其分散了与聚合了的关系，却见之于其存在的原本理智中，于其存在的律则中，于其原本底和全般真理中；因此它是种子“理”，发源着且决定着的知觉力量，当作无上“智”与“意志”而工作。《韦陀》见士称之曰

“真理知觉性”，相信人亦可变到知觉真理，进入神圣之“理”与“意志”，由此“真理”而变为永生者 (anthropoi athanatoi, 即希腊文谓“永生人”)。

疏释

凡此诸“身”或“补鲁洒”之说，皆见于诸《奥义书》。

像《韦陀》的见士者流所保持的这种希望，且以那么雄胜底信心歌颂着的，赫那克莱妥斯的思想是否容纳呢？或者，他的思想也于任何种对神圣超人道的企慕，有如“画廊派”的使徒那么严毅地为之辛勤着的，或者有如尼采，这位近代赫那克莱妥斯，画出了一个过于粗率而且猛烈底形相的，甚至有所许与呢？他的名言，说人是燃着了又熄灭，如灯光消失于黑夜里，却也平凡，且够使人丧气。但究竟这可能只于现似底人为然。人在他的转变中，能否升起其如今固定了的度量呢？能否提高他的心思底、相对底、个人底理智，上与神圣底、绝对底“理智”直接相通，或直接参与其间呢？能否感发兴起且将他的凡人力量的价值升高到神圣力量之高等价值呢？能否像天神一样，觉知到一绝对底善与一绝对底美呢？能否提举这生死体至于永生性呢？对着他的人世无常的忧悲形像，我们又有那非凡底却幽奥底语句：“天神有生死，人皆永生者”。这句话就字义说，可解为天神皆是些权能，可灭且互相嬗代，唯独人的心灵是永生底，但那意思至少应该是：在人的外表无常性之后，内中有一永生底精神。我们更有他的一语："你不能寻到心灵的边际"。而又有在赫那克莱妥斯的一切言说中为最深奥的一语："王国是属于儿童的"。倘若人在他的真实本体上是一无极限底和永生底精神，则没有什么理由他不应觉知他的永生性，升到宇宙者、一、且绝对者的知觉性里，生活于一高上底自我实践中。"我寻索了我自己"，赫那克莱妥斯说；但他所寻求得的是什么呢？

疏释

（一）"你不能寻到心灵的边际（纵使你走完了每一条路去寻它）；它有那么一个深深度量。"（第七十一则）

"我寻索了我自己。"（第八十则）

（二）"最高底秘密"——出《薄伽梵歌》第十八章第六十四颂。

但是，不论在他于事物之知识上，或他于人的自我之知识上，皆有一大空白处和缺点。我们见到赫那克莱妥斯的深沉底先识眼光，在多少方向预见了"科学"和"哲学"的最广大和最精深底概论，而且，虽是他的较肤泛底思想，如何指点了西方后代雄强底心思倾向，而且他的某些理念，如何影响了这班深奥底多创获底思想家，如柏拉图，画廊派，新柏拉图派。但在他的缺点上他亦是一先驱；这表相了后代欧洲思想的大缺陷，至少是在那些未尝深被亚洲宗教或亚洲的神秘主义所影响的为然。我已试行指出他的思想多么常是触到了《韦陀》的和《韦檀多》的思想，几乎与之同一。但他于事物的真理之知识，停止于宇宙理智与宇宙力量之见；他似乎总括了万事万物的原则于此初二项，知觉性方面，权能方面，一无上底明智，与一无上底能力。印度思想的眼光，却见到了“自我”的和“大梵”的第三方面；在宇宙底知觉性活动于神圣知识中者以外，在宇宙底力量活动于神圣意志中者以外，它还见到了宇宙底悦乐活动于神圣仁爱与极喜中。欧洲思想，顺着赫那克莱妥斯的思想路线，凝定于理智上，力量上，以之为原则，其完善化乃我们的生存所当企慕的。力量是世界的第一方面，战争，能力的冲突；第二方面，理智，显出于力量之出现中，它其初是隐藏于力量里，自加启示为某一种正义，某一种和谐，事物中某一决定着的智与理；第三方面，是居于此二者之后的一较深底秘密，即宇宙底悦乐，爱，美，这取起了前二者，能建立一些事物，高于正义，优于和谐，真过理智——一体性与福乐，我们圆成了的生存之极乐。这最后一秘密底权能，西方思想只见到其较低底两方面，愉乐和美术底美；它错过了精神底美与精神底悦乐。因此之故，欧洲永远未能发展出它本土的一雄强底宗教；它不得不转向亚洲。“科学”占据“力量”的度量和用处；理性底哲学追逐理智到其最后底微妙处；但灵感底哲学和宗教，能摄持最高底秘密（uttamam rahasyam）。

七

赫那克莱妥斯倘若曾将他的眼光推前稍远，或者可见到这个。力量本身只能产生力量之平衡，争冲之为正义者；在那争冲间，发生了恒常底互易，而且这互易的需要一旦见到了，便兴起了一可能性，以理智修改且代替战争，以之为互易的决定原则。这是人的第二努力，其可能性赫那克莱妥斯未尝明见。从互易我们可升到可能最高底理念，通易，自我给予的一种相互依倚，为人生的深隐之秘。由那可生长出“爱”的权能，代替争斗，超出理智的冷酷平衡。此是一神圣极乐之门。赫那克莱妥斯却未能见到，可是他的关于“儿童的王国”的唯一简语，触到了也几乎达到了这秘密的核心。因为这王国明显是精神底，这是完善化了的人所臻至的极诣，绝顶；而完善底人是一神圣孩子！他是一个心灵，醒觉到神圣游戏，无畏惧亦无保留而接受它，在精神底一纯洁性中，将自体奉献于“神圣者”，让人的充满顾虑和烦恼的力量脱去顾虑和忧愁，化为神圣“意志”的愉快底游戏，让他的相对底颠顿底理智，为那神圣“知识”所代替，那神圣“知识”对希腊人，理智底人，似是愚蠢，而此被束缚的心思之劳苦地寻求快乐，且将自失于神圣“阿难陀”(Ānanda) 的自发性中；“因为天国是他们的”。“超上飞鸿”(Paramhansa)，得了解脱的人，在他的心灵上甚至是儿童似的 (bālavat)。

疏释

“超上飞鸿”乃印度最高修士之称号。如近人以尊称罗摩克释拏。其详亦散见诸《奥义书》。

于此，于室利阿罗频多的原文翻译的疏释亦可终竟了。但对于读者之欲寻绎赫那克莱妥斯学说全部者，犹有所当提供。

大致自十九世纪初，在欧西即有对此哲学简言作译述和搜讨者。入这世纪以来则研究更勤，以日耳曼文的翻译和论著最为宏富。通常学林所用者，乃狄尔斯译《苏格拉底以前哲人散稿》，初版发行于柏林，时在1903年，凡三卷。其第四版发行于1922年，狄尔斯去世以前曾亲加修改。而其第五版为克朗兹所修改者，似更完善。原名如下：

Hermann Diels

Die Fragmente der Vorsokratiker

revised by Walther Kranz

Berlin, 1934

此外，则凡西文关于希腊哲学之著述，或史或论，无有不包括赫那克莱妥斯者。英语译本而注释近于详尽者，则有

Philip Wheelwright

Heraclitus

Atheneum, New York, 1964

此书本文录存简言至一百二十四则止。于狄尔斯所弃者，犹有所取。其他片语只字，为诸家所引，原有可

七

疑、或不足为论据者，概加存录，增加至一百卅八则而止，似更无遗。然亦自加分汇，次序与从来诸家不同。

《赫那克莱妥斯》一书止此。——以上于每段或每节稍加按语，无非提供参考资料，其实也只是一些线索，以便读者自加寻讨。其着重点在寻求古希腊、古印度及我国古代精神哲学之同处。当然，不同处不能强求其同，然同处或恰合是同其所指处亦无由强立其异。贵在读者之善观其会通。宇宙间物理之真是一，如水在东方是趋下，决不能在西洋是趋上。而宇宙间精神之真亦一，如东方人性之企慕向上，绝不能是西洋之人性企慕向下。因宇宙真理之同一，所以有、或成为至今世界一切活动之共同基础。但世界这三个古文化渊源，各自在此同一宇宙真理上有其所独特契会或认识之一面。此书末段提出了宇宙本体之悦乐一方面。

这是古印度精神哲学中所强调的，悦乐，即“阿难陀”(Ānanda)。自来东西方不乏修为之人体会到宇宙本真，感到了大悦乐，极欢极幸，觉得到了那一地步方不虚此一生，此辈人更仆难数，如于宋明儒者之“学是学此乐，乐是乐此学（今言‘修为’）”，亦可见其一斑。但说此宇宙本原之“真”即是“乐”，这是印度独创。譬如毕达哥拉斯之说万物生于数，即以数为原素而成万物，与说以数而可计万物不同。以最高之实践而起其悦乐或极喜，与说宇宙本体即是悦乐或极喜不同。

这“悦乐”当然不是指层级而下或末端之生理界之快乐或满足之为倏忽变迁者。那么，是一绝对者，非与

“苦”为对待之“乐”。如何以此而解释人生之多苦或世界之充满着痛苦，其说亦繁，要之不失其为一橛绝大底真理。——此只可求之于孔子之“仁”中，可谓二千五百余年前，孔子已勘破之秘密。但未此以为教，凡人所谓仁与义，是下推了一层，要上到体会宇宙万事万物皆寓乎一大“仁”，则“阿难陀”出现。

至若以极乐而为教，则如我们所熟知的，在释氏有西方极乐世界净土之宗。在释氏是断除一切人情欲想之后，乃修其往生，可说其流弊不大。中世纪欧西基督教之天堂，亦不乏“乐土”之诱引。印度至今仍有些宗派以此为极归，流弊常有。——总之，下降到人间和物质世间或器世间，事事皆可伪化，变形，颠倒，如“爱”之化为男女间互相占有之欲情，即其一例，然亦无由便否定宇宙间原有此一至上原则。实际世间不乏“高于正义，优于和谐，真过理智”之事。若静心观照，则许多这类事物皆日常现见，属于此一所谓“至上秘密”。

复次，印度精神哲学判分上、下二界，下界为“物质”“生命”“心思”，上界为“真”为“智”为“乐”。介乎两界之间，则为“超心思”。从“超心思”以上皆实践之事，这其间“心思”的逻辑推理以至名相语言皆无功了。必须要在百尺竿头更进一步，跳出这一切，直超而上，使主观与客观双泯，能指与所指合一，达到自我知识，方成其契会。然后优游于玄理之域，即实践这精神之上一界，那么，如何是此“阿难陀”，不必再着一字了。

虽然，一处于心思界，逻辑之推理便用得着了。否则不成其为思想。这推理或“理则之学”是一甚公正的思想运动场上的评判员——思想之运动与身体之运动不异——多少理论上的错误能够指出，如谁是犯规了，可以见明；但其用亦止于在此运动场。至若整个人生活动，不止是在运动场上而已。逻辑之弊，在于看不出自体的范围以外。换言之，是一极有限的准则和度量。

精神人物常是屏斥推理，因为通常有直知或直见使用不着它，但亦不能全般弃去，纵或处于极明通之精神高境，亦非弃之如敝屣。若弃之如敝屣，是因其为屣之用已敝，亦无其必要了，而屣之为用无可否定。抑犹不至如是。往往已经明通之大哲人，回头若需要从事推理而使他人了解，则拈著亦头头是道，是其屣之为用犹新而未敝。不然，则精神哲学或玄学中，必皆为“不可说”“不可说”，或说之皆为胡言谵语，不可究诘，在以智识而求其明通者便毫无希望了。所谓百尺竿头更进一步者，是思智已达极诣，无可再进，然后径路虽绝而风云大通。寻常谈玄学者，是思智尚未达极诣，犹未到百尺竿头。例如讲“万法归一”，或讲“太一”，是一极普通的口头语。这里且藉另一希腊哲人——柏拉图——于这问题的推论作参照，或者可作为他山之石，亦藉以为此冗赘疏释之结语。

一（问）：倘若是“一”，则（推论）其于自体之结果如何？

（推论）：倘若是一，则不能是多。因此不能有部分（诸部分是多）。不能是一全者（全体必有各部分）。即无部分，则不能有始、中、末。是故为无限无极。

其次，此亦无相。相必有部分故。

复次，此亦不在何处。

在何处者，必为他物所含纳，或为自体所含纳。此不能为他物所含纳，因能含纳者与所含纳者，必有相接触之点，则必有部分。此亦不能含纳于自体。因能含纳者与所含纳者是二而非一。

复次，此不能是动或静。

若有变易 (allôiosis) 即动之一态，则不能是一。若有空间之动 (phora) 即动之另一态，则亦不能是一。

或为旋转之动 (periphora)，则必有转动之中心或轴，则必有分，有相。

或为移转之动，则必有位置（即在某处）。

复次，若动，则同时必在同处又非在同处（而此无处）。

此亦不能是静。

在空间无处故。既非在自体中，亦非在他体中，是故不能在某处而为静。

复次，此于自于他，不能为同为异。

不能异于自体；异则非一故。

不能同于他；同他则为同异于一者。

不能异于他者；是异者乃能为异故。

不能同于自体；若同是一，如何有物能同于多？

七

复次，此于自于他不能似、非似。

似者，有相同之属性。

为“一”之属性即“是一”而已。

复次，此于自于他，不能是等、非等。

若等，则必同量，而此非入于同量。

若不等，则必为大、为小，则必有多部分亦如多量。是则非一。

复次，此于自于他，不能是老、是少、是同寿。

凡此“老、少、同寿”皆属等、非等故。此不能在“时间”中。

凡在“时间”中者，必常变为“老于”某一时之定体，故同时必为“少于”其自体。

而此变是不能较变是之时为短，为长，故常于自为同寿。

复次，此若完全不在“时间”中，则亦不在“有”或“存在”中。盖未尝变是，非尝是（过去）。不将变是，不将是（将来）。非今变是，非今是（现在）。

复次，若不能“是”，则不能是“一”。则为不可名，不可说，不可知，不可判断，不可识得。

二（问）：倘若“一”是，则（推论）其自体之结果如何？

（此即论“一”非独是一，而论其为“存在”或“有”或“是”。）

（推论）：倘若“一”是，则“一”入乎“存在”或“有体”。“一”与“是”涵义不同。

故“一”为“是”必为全，此“全”体中则“一”与“是”皆为部分。然每此一部分既分有此“一”与“是”，则每部分可更分为二部分。而常可化为二者，必非“一”而为无尽之“多”。

复次，若就自体而论此“一”，此异于“是”。然“一”非“异”，“是”亦非“异”。故“异”者，异于此二。“是”“一”“异”凡三。三中之任何一双必称为偶，偶中之每个必为一。若以“一”加于任何一偶，得三。三为奇而二为偶，是故有双偶与三奇，双奇与三偶。由是可得奇、偶数之任何结合。

由此可推至无数之多，其每一部分皆参与此“是”，则此“是”亦分为部分而无尽。然此每部分是一，故此“一”亦分为无数部分如其为“是”。是则“一”非但为是为无尽之多，“一”之为一亦为无尽之多。

复次，“一”为“是”则为全，部分为全体之分，包含于全体中。而能含者为有限。有限则必有极。若其为全，亦必有始、中、末。中与两端同距，则必有形相，如为直线形，或弧线形，或俱有。因此必有尽。

复次，诸部分所以成此全体者，既被包含于全体中，则全体必在自体以内。全体既非被包含于其诸部分中，则就全体以观又必在他者中，是故亦静亦动。

七

复次，此于自于他必为同，亦为异。

异于自，双在自体又在他者中故；又异于任何他者，此等非一故。

但亦为同，异性非任何物之属性故。是故“一”与异于“一”者，不能以异性而异，亦不能在自体相异；更不能如全与部分之相关；因非“一”者不入于分数，是故为同。

是故，于自于他，必亦似亦不似。

“一”异于他，犹他之异于“一”。故其为异也，则相似。反之，其为同也，则不似，相反对之前陈必有相反对之后论故。

复次，于自于他，必相接触，为他所含纳故。

然接触必至少有二者，乃成其为接触。其接触点之数，必较相接触者之数少一。故不能与自相接触，亦不能与他相接触。

复次，此于自于他，亦等亦不等。

若较小，则“小”在其中，或为全，或在全体之一部分内。若为全，则于其中必遍，遍则必等。或超出之则较大。若在全体之一部分中，则同有此过。

于“大”，同破。

进者，“大”与“小”相对，而非与“一”相对。

故“一”等于自亦等于他。

然“一”在其自体中，是故包含自体，亦为自体所包含。是则大于自体又小于自体。

进者，“一”与异于“一”者以外，无有。而凡是者，必在是者之处。异于“一”者既在“一”中，则“一”必大于异于“一”者。同然，“一”既在异于“一”者中，则必较小。

同此推理，可推之于部分，如推之于全体。

复次，此必参入时间。盖此是，是即必入乎当前之有或存在。时间以现在为其一分者必常前进，则“一”参入此前进，则必愈老于自体，同时必常幼于（或少于）自体。

然此由过去以入乎将来，不能不经过现在。则当其入乎现在也，前进亦止。则其为较老较幼，于现在皆已完成。但现在之久，当于“一”仍为此是之时，无论何时为是则必常为现在。故现在时间之久，即为“一”之时间之久，其是愈老愈幼合乎其变为愈老愈幼。且其是及其变是，不久于其为是及变是之时间。故常与自体同寿。

同然者，此必老于异于自体者。异于“一”者，必多于“一”。既多则必有数，而“一”在凡数之始已存在。又此必少于异于自体者。盖此有始，有中，有末。始入乎存在居前，末入乎存在居后。然必末已入乎存在，然后“一”乃成其为“一”，是故“一”之入乎存在，在其诸部分之末。——另说推之，每一部分在其自体是一，故“一”之存在，与始，且与随后之任何部分同时，是故必与异于“一”者同寿。

凡此乃说已变是且是老于与少于异于“一”者，仍当更论其正变为老为少。——此非变老变少于异于“一”者，盖若二个年寿相差，同等之时间数加于不同等之时间数。不能改变二年寿间之(算学)差数。反之，此亦诚变老变少，盖若得二个年寿间之差数，同等与不同等时间数之加积，诚能改变二个年寿间之(几何)比例。

由上所推，“一”入乎过去，现在，未来；尝是，今是，将是；已变是，正变是，将变是。此为可名，可说，可思；可为知识，判断，识感之对象。

“附说”：

是故“一”亦一亦多。非一非多。

此乃第一结论。

“一”在时间中。

此乃第二结论。

于是当推完如何此第二结论影响此第一结论。

若“一”是亦一亦多又参入时间中，则在为一之际入乎存在，非一之际不入乎存在。

入乎存在之始为生，不入存在之时为灭。

是故“一”有生灭 (genesis kai phthora) 。是则必合成，散解，同化，分化，增，减，而化为同等。

复次，是必由动入静，亦由静入动。

虽然，此如何可能？——如何在静时而起动？如何在动时而起静？

由动入静或由静入动，必有过渡之非动非静。而凡物非动非静之时无有。

故过渡必全然超乎时间，必为“奇物”(to atopon touto)，为顿时者，有位置而无久暂。是此顿时者，乃使相反对者之一切变易为可能。是在此转变之间隙中，变易者无反对者之性格。

三（问）：若“一”是，则（推论）其于诸异者之结果如何？

（推论）：异者皆异于此“一”，则将参与此“一”而为其全（体）与（部）分。因其既为异者，则必为一聚合。此聚合必有分，或则将是一。

复次，此必为一全者，一全者必为一。若一全体非一而为多，则其每分将为多之一分，其本身为此多者之一。则每个将为自体之一分又为每一异者之一分，是则相违。是故多者为一全体，即诸多分成为完全之一。又每分亦复是一，与异者异故。是故双为一全与诸分，异者皆参与此“一”。

复次，诸异者必双为有限与无限。因其既多于一，则可为无尽数。若吾人在思想从异于“一”者分割出所能想象之最微小一部分，此将多于“一”，是故为无尽之多之聚合。反之，任何时任何部分参与此“一”，则与其他诸部分及全体皆有边际，而全者在其诸部分上亦有边际。是故此为有限。

如是，此诸异者，相互为亦似、亦不似，于自亦亦似、亦不似。皆有限亦皆无限，则相似；同时双为此二，则不相似。若更求其为同、为异，为静、为动，皆以此式可推。

四（问）：若是“一”，则（推论）其于诸异者之结果如何？

（推论）：异者参与此“一”，既非如一全者，亦非如诸部分。既无物同时异于一又异于诸异者，则“一”与诸异者不能同涵于同一物。是故彼等相离。

复次，“一”如其为“一”，既无有诸分，则无其任何分能在于异者内。

复次，异者即不参与于“一”而为全或为分，则非是一全。亦不能有多或数，数是多一故。是故不能有两个属性，如同性，异性（同于“一”或异于“一”），自体亦无有任何一属性，如“同”“异”“动”“静”等。若有，必参与于“一”故。

五（问）：若“一”非是，则于自之结论为何？

（推论）：若吾人能说“一”非是，此“一”必有其意义，因此必可知，因此必有其知识。且此既与一切为异，则必有变异性 (heteroiotes) 。此必入乎“此”“彼”

“凡物”等；否则必不可言说，而异于“一”者亦不可言说。纵使其为非是，亦无何者阻止其参与诸多事物。反之，若是彼“一”而竟可言说者，必然如是。

复次，如其为异者，则必不似他者而似于自。

复次，亦必不等于他者。若等，则必是，且必如其似他者为是。

更旁瞩之，“大”与“小”，此属“不等者”。凡具不等性者，必有“大”“小”。具有“大”与“小”，暗许有“同等”，为一必要之中间者，则当有此三。

复次，此当入乎“是”（“有体”或“存在”）。盖若诚然此“一”为非是，则此“一”是“一非是”。其非是之所系，即此非是之是；正如是之所系，乃非是之非是。

虽然，若其双有是与非是，必有过渡，即从其一渡至另一之动转，此动转暗许“变易”(alloiosis) 。

反之，“一”如其为非是，即为不在何处，则不能从一处而移易至他处，亦不能在同一处绕某中心而转。若其不终止其为异于他者之“一”，则亦不能变。是故为不动，不可变易。

循此以推，如其为已动已变，则亦入乎是而终其为是（有生灭）；如其为不动不变，则亦不入乎是亦不终止其为是（无生灭）。

六（问）：若无“一”，则于自之结论为何？

（推论）：若“一”全为无有，则既不能参与存在（“存在”谓“是”），亦不能止其参与存在。是则既不能有，亦不能无；既不能动，亦不能静，则与凡存在者（或说“有者”“是者”）无任何缘，若有必参与存在。是故于自于他，亦无大、小、同、等、似、非似。亦不能在某处，在某时。对之不能有知，识，判断；不可说，不可名。

七（问）：若“一”非是，则于异者之结论为何？

（推论）：彼等既为他者，则必有其所以异者。彼等不能异于“一”，“一”非是故；则彼等必异于自。

复次，彼等不能为一一，而必为多之群众或多之聚集，每个可分为无数之同似部分，以致吾人无由达于最小或至少之一分，而似为小者，必较其为总和中之每分为大。

复次，吾人永无由达于始、中、末。而常达乎始之前，或末之后，或中之中。

总之：若“一”非是，异者必双显为有限与无限，一与多。

八（问）：若无“一”，则于异者之结论为何？

（推论）：则皆非一非多；盖多暗许一一。则无多相亦无一相，不能与非是者相缘故，亦不能有何非是者对任何他者存在，非是者无分故。

是故非但不许其真实性，且尝真加或似许于彼等之属性之相亦所不许，如似、非似，同、异，接触、分别等。

附录一　赫拉克利特

［印］兰纳德（著）　贺佳（译）

中译本序

兰纳德 (R. D. Ranade) 英语论文《赫拉克利特》只 17 页，发表于 1916 年 2 月，出版于 1926 年（印度浦那印刷），二版于 1962 年。印度近世圣哲室利・阿罗频多读其文后，亦以同名撰稿，登载于自办杂志《阿黎耶》(*Rrya*) 即“圣道月刊”上，时在 1916 年 2 月至 1917 年 6 月，其单行本印行于 1941 年，再版问世于 1947 年。

圣哲之作，意在“借题发挥”，其论述已超出哲学知识的范限，进入了印、希精神畛域的探讨，如“神秘道”“永生原则”“‘一’‘多’原则”“变易原则”等等。50 多年后，侨居于南印度的徐梵澄先生将阿氏之作译出并附以疏释，又斟酌内容而改名为《玄理参同》，于1973年出版于室利·阿罗频多学院。就文字数量而言，徐疏衰大于阿氏，实则是他携一大橛中国文化而来，参与比勘与会通，其目的不外是构建“心同理同”的人类平等对话的思想平台，盖缘“学术生命实与民族生命同其盛衰，互为因果”（梵澄语）。正是在这一高度上，我们完全可以把阿罗频多的《赫拉克利特》和徐先生的《玄理参同》看作是一桩“事件”，一桩在学术史上和思想史上的“事件”。而任何“事件”的肇始发动，无不出自典型人物的心理。何以兰氏一文甫一问世，阿罗频多就立即作出了反应呢？并且识见高卓与远大，非可与寻常文字同日而语。在徐先生，则又是站在了“巨灵”的肩膀上，将其视野向极处拓展了。

徐先生译疏阿氏之作时，未尝见及兰氏之文，他不无遗憾地说：“求其文于修院，已不可得。距今仅50年，一位哲学教授又颇声尘寂寞，或者其文于巴黎图书馆犹有庋藏，有待于学者寻索了。”（《玄理参同》第16页）此言掷地又40年，2013年，就教于德国图林根萨尔茨曼外国语学校的四川外国语大学青年教师贺佳，通过外国友人的帮助，于德国东方学会图书馆寻得并借出兰氏之文的第二版，同时，又将其译成中文。这么，一条学术思想的线索就完整地衔接起来了。兰文的价值在哪里呢？起码，它有发生学上的意义。读过此文，你可能会领悟到为什么阿罗频多和徐先生一前一后地“借题发挥”的缘由，并通过这两度“借题发挥”的扬举，使我们窥见到了一个“径路虽绝而风云大通”的超上境界。然而，介绍者是否可以询问：那上登的第一层台阶，我们也是不应该忘却拾级的吧？

孙波

战争哲学家

现在[1]，讨论赫拉克利特的哲学思想这一学术问题，如有所辩护，本文作者认为在于此一事实，即赫拉克利特主要是一位战争哲学家。同后世的霍布斯(Hobbes) [2]一样，他发现眼目所及之处，皆以战争和争斗为律则。“战争”，赫拉克利特说，“为万物之父，为万物之王”。希望世界摆脱斗争的人，是不知其所言何谓。他责备荷马 (Homer)，因其祈祷让斗争在天神和人

❶ 本文初次发表于1916年2月。

❷ 托马斯·霍布斯 (Thomas Hobbes, 1588-1679)，英国著名政治哲学家，创立了机械唯物主义的完整体系。

类中绝迹。他说，荷马是在祈求宇宙之毁灭，而不自知。倘若他的祈祷应验，则万物皆会绝灭了。简言之，斗争之休止即世界之末日；赫拉克利特有言，世界由斗争而存在。因此，战争乃自然之状态，“斗争即是正义”，赫拉克利特如是说。最后，他认为战争不仅是自然的和正义的，还是万物之源，“万物皆出自斗争”。

个性与风格

简而言之，赫拉克利特，这位来自以弗所[1]的哲人，其幽奥的战争哲学盛行于第 69 届奥运会时期（公元前 504 年至公元前 501 年）的小亚细亚地区。经现代考证，他更确切的生平年代为公元前 535 年到公元前 475 年。赫拉克利特文字之费解，在其生平已有“晦暗者”(ὁ σκοτεινός) 之称。伟大的亚里斯多德 (Aristotle) 亦述其文字之难解。他的这部著作通常定名为《论自然》*(περὶ Φύσεως)*。现在，赫拉克利特的完整作品已无从得见，但留存的残篇几乎可以令人满意地重构其哲学思想。赫拉克利特所写的多为简言，这是其文字偶显晦涩的真正原因。此处择一例说明，赫拉克利特说：“天神皆有生死，人则永生”。要了解原话的意思是不可能

[1] 希腊古城，位于今土耳其境内。徐梵澄先生《玄理参同》一书译为“耶惠所斯”。

了。但时常是，我们领会了赫拉克利特哲学思想的内核，他所表达的意思就变得清晰了。但必须记住，赫拉克利特的风格常是举似矛盾：他说，“弓 (βιός) 的名字是生命 (βίος)，而其工事为死”。

对前人之评论

赫拉克利特被称为“哭泣哲人”，与之相对的是德谟克利特 (Demokritos)[1]，被称为“笑哲人”。对赫拉克利特的非议多源于其文字中的悲观主义。他说：“人，如夜晚的灯光，燃着了又熄灭”。在另一处他又说，时间像一儿童弈棋，“数着筹码为戏，在海滩上作堡垒玩，只为了再推倒它们：创造了又破坏，破坏了又创造”——这便是最高律则的运行方式(贡贝尔茨[2]:《希腊思想家》I.64)。虽然我们有理由称赫拉克利特为哭泣的哲人，但更有理由称他为让人哭泣的哲人。我们知道，他如何痛斥之前所有的哲学家，包括荷马，赫西奥德[3] (Hesiod)，毕达哥拉斯 (Pythagoras)，色诺芬尼 (Xenophanes)，以及其他人。“荷马”，他说，“应当被除名，并

---

❶ 德谟克利特，原文拼写 Demokritos，应是希腊文，英文拼写为 Democritos。

❷ 贡贝尔茨 (Theodor Gomperz, 1832-1912)，奥地利著名希腊哲学史家，著作《希腊思想家》(*Greek Thinkers*)。

❸ 徐梵澄先生《玄理参同》一书译为“赫西阿德”。

用鞭子抽打”。“毕达哥拉斯”，他说，“有自己的智慧——博学，但不懂艺术”。赫拉克利特认为，赫西奥德、毕达哥拉斯以及色诺芬尼皆学识渊博，却不懂智慧，“博学不能使人智慧，否则赫西奥德、毕达哥拉斯和色诺芬尼就应当学到智慧”。赫拉克利特虽极力斥责毕达哥拉斯，但不应忘记，他将毕达哥拉斯的“七弦琴”(lyre) 概念引入自己的哲学体系，并大加使用，后下当述。他还批评色诺芬尼，尽管其对荷马和赫西奥德的态度与他相似，谓他们“将一切不光彩归咎于众神，甚至人类所不耻的——偷盗、通奸以及互相欺骗”。鉴于赫拉克利特如此严厉的批评，更贴切地应称他是一个让人哭泣的哲人，而非一个自己哭泣的哲人；一个辱骂民众(ὀχλολοίδορος) 的哲人，一个着实“喷火”的哲人。这一点与后世的——尼采 (Nietzsche)，如出一辙。

赫拉克利特是神秘主义者吗？

勃莱德勒先生 (Herr Pfleiderer) 希望我们“以神秘主义者看待赫拉克利特”。(im lichte der Mysterien-idee) 这一观点毫无根据。勃莱德勒先生似乎没有注意到，赫拉克利特对任何参与神秘仪式的民众严厉斥责，称他们为“梦游者，巫术士，狂饮者，神秘者”——很难找到比这更坏的言辞了；“使在人民奉为神秘道者，不神圣地诡秘化了”。鉴于赫拉克利特所言，在任何意义上将其称为神秘者都是极不明智的。在科恩福特（Cornfort）先生《从宗教到哲学》(*From Religion to Philosophy*）一书讨论过的两种传统中，我们可以有把握地将赫拉克利特归入科学传统，而非神秘传统。唯一将赫拉克利特定位为神秘派的理由是，他的写作风格总是简言、警句和谜语似的。但简言不等于神秘主义，相反，我们甚至有理由说赫拉克利特是一个反神秘主义者，因为他是如此强调理智的干光明。他说："干心灵为最明智最佳"。

与巴门尼德[1]的关系

现在讨论一下赫拉克利特与巴门尼德的关系。前文已述，赫拉克利特对色诺芬尼的看法，同时可以肯定巴门尼德提到过赫拉克利特。据此判断，赫拉克利特的哲学思想应盛行于色诺芬尼和巴门尼德之间。但策勒（Zeller）却断然否认巴门尼德熟知赫拉克利特的学说（Vol. II pp.111-12）。他忽略了巴门尼德的一些重要引用所指的正是赫拉克利特："愚钝的民众"，他说，"他们眼中的事物是（又不是）原来的模样（非原来的模样），他们假定万事万物皆循一变回之路"。可以发现，巴门尼德在此采用的这个词，后下当述，正是赫拉克利特

---

[1] 巴门尼德（Pamenides），被称为形而上学之父，认为"一切是一"。徐梵澄先生《玄理参同》一书译为"巴门尼迭斯"。

先前使用过的——变回（παλίντροπος, backturning）——由此确信无疑，赫拉克利特先于巴门尼德，且后者确实知晓前者的著述，而非策勒所言。既然赫拉克利特先于巴门尼德，则表明变是学说（doctrine of becoming）先于有体学说（doctrine of being）。这一史实证明了黑格尔（Hegel）的论点有误，即：在逻辑范畴，变化必然位于存在之后。这也反驳了黑格尔的核心观点之一，即事物发展的逻辑顺序应合乎其历史顺序，智慧之范畴即宇宙之范畴。

永恒变易之思想

赫拉克利特哲学思想的核心理念之一便是永恒变易（change），永恒流动（flux）。对此柏拉图（Plato）和亚里斯多德有一著名表述——“一切皆在流动中”。赫拉克利特自己从未写过这些文字，但柏拉图和苏格拉底认为，这句话概括了赫拉克利特的主要教言。赫拉克利特自己的表述是：“每日是一新的太阳升起”。他还有一句话常被引用，表达了他关于恒常变易的核心理念：你不能两度涉足于同一流水中，因为是“另外的水和更另外的水流去了”。大师关于不能“两度”涉足同一水流的理念，后来经一位弟子发展至极端，谓我们甚至不能“一度”涉足同一水流中，因为足将入水的瞬间，那水已经流去。耶昆霞母氏 (Epicharmos)[1]也曾拿赫拉克利特的永恒流动学说开玩笑,他借一位负债人之口说出这话。既然借债时是一人，要还债时是另一人，为什么要另一人还债呢? 尽管此学说被推至极端已失偏颇,但必须承认,是赫拉克利特第一个提出这一重要且科学的真理，即世间万物都不是绝对静止的，相反，万物是永恒变易的。科学着重的是事物的流动性而非静止性。

第一物质：火

现在,赫拉克利特需要找到一种物质作为永恒变易过程的基础。阿那克西美尼 (Anaximenes)[2]选取“风”(Air) 作为世界的本质,因其变易之能力优于泰勒斯 (Tales) 的“水”(Water) 。同理，赫拉克利特选取“火”作为世界的本质，因其变易性优于阿那克西美尼的“水”。变易性或变易之能力似乎成为哲学家确定第一物质的重要因素。火，赫拉克利特说，正是这样一种变易;看它化燃料为烟,烟化为煨烬,煨烬又化为灰。整个过程象征着变易。赫拉克利特以他隐秘的方式暗示说,“雷电杵 (Thunderbolt) 管制着万物之进程”。火,无

---

❶ 耶昆霞母氏 (Epicharmos), 与赫拉克利特同时代的希腊诗人兼剧作家。

❷ 阿那克西美尼 (Anaximenes), 是阿那克西曼德 (Anaximander) 的学生。徐梵澄先生译为安那徙曼涅斯。

论是天上的或地上的，引导了宇宙之进程。他进一步说:“这宇宙不是任何神或人所创造的，它恒常已是，正是，且将是一永远活着的火”。

火的解释

赫拉克利特所谓的“火”(πυρ) 究竟何指，历来是哲学史家争论的焦点。至今，这仍然是“解读”希腊早期哲学的关键之一。拉萨尔 (Lassalle) 倾向于黑格尔的解释，认为“火”只表示变是 (becoming) 这一理念，它之下包含了有体 (being) 与非有体 (not-being) 。泰习母勒 (Teichmüller) 则认为，赫拉克利特所说的火就是实际生活中的火，在炉中燃烧，劈啪作响。策勒则说，赫拉克利特的“火”是泛指发热的物质 (Vol. II. P.24) 。无论如何，赫拉克利特不太可能是实指火这一“元素”，正如后来恩佩朵克列斯 (Empedokles) 和亚里斯多德所理解的那样（策勒，Vol. II. p.53) 。赫拉克利特所谓的火是创造世界的力量，是“理性”(λόγος)，他将火等同于宙斯和永生。火是世界的最高律则，万物出自于火又终归于火。赫拉克利特用隐晦的简语告诉我们:“向上和向下的路是同此一条”；由“火”依次生出“风”，“水”，“土”，这是自上而下，它们又依相反的顺序复变为“火”，这是自下而上。

一与多的问题

因此，赫拉克利特可谓是某种“一元论者”，而策勒进一步称其哲学思想为“最直言不讳的泛神论”(Vol. II. P.46)。但必须记住，赫拉克利特没有像前人阿那克西曼德 (Anaximander) [1]一样否认“多”之真实性：他以自己独有的方式调和了看似矛盾的“一”与“多”。他告诉我们：“承认万事万物为一是智慧”；“多”与“一”相互依存，“一出自一切，一切出自一”。我们还应记住柏拉图在著名的《智者篇》[2] (*Sophist*) 中提到，赫拉克利特和恩佩朵克列斯对“多”与“一”的调和。柏拉图告诉我们：“一位爱奥尼亚人 (Ionian) 和之后的一位西西里人 (Sicilian) 曾说，真理同时是一是多；那位严厉的缪斯 (Muse) 说，一与多虽彼此分离，却又总是合在一起；那位柔和的缪斯则放松了真理应当如此的要求，谓万物交替是一是多”。柏拉图所说的严厉的爱奥尼亚缪斯就是赫拉克利特，而那位柔和的西西里缪斯就是恩佩朵克列斯。顺便指出，柏拉图认为赫拉克利特相信真理同时是一是多，而恩佩朵克列斯相信真理交替是一是多。后下当述，该如何理解这一表述。

---

[1] 徐梵澄先生译为“安那尔曼德”。

[2] 徐梵澄先生《玄理参同》一书译为“智论师”。

交易之思想

诚如赫拉克利特所言，一即是多，多即是一，但这一过程实际是如何实现的呢？阿那克西曼德曾说，对反物 (coutraries) 是由“无限者”('άπειρον) 经由“分离”过程而产生万物；阿那克西美尼则认为，是通过“稀释和凝缩”过程，由“风”生出万物；赫拉克利特在此提出了著名的“交易”(ἄμοιβή，exchange) 思想，阐明一变为多，多变为一的过程，智慧地预识了近代的能量守恒 (Conservasion of Energy) [❶]思想。赫拉克利特说：“一切皆换得了火，火又换得了一切，如器皿之换成金，金又换成了器皿”。如此，火之变换为风，为水，为土，而风、水、土又复变换为火。火生出烟，却消耗了燃料，但物质无有减灭。世界之交易永无止息，能量之守恒，“度量”之不变。赫拉克利特说：“太阳不会越迭其‘度量’；若其越迭了，‘公正’的助理耶林涅斯 (Erinyes) 会发现出的”。在此过程中，一化为多，多复归于一，任何一物可变换为另一物，赫拉克利特称这一过程为“交易”；这确保了“度量”之恒定，因为交易过程的灵魂是公正。如果能很好理解赫拉克利特哲学思想中的这两个核心概念：变易和交易，就可能理解他的整个哲学思想。

---

❶ 徐梵澄先生在《玄理参同》一书中译为“能量保存律”。

对反力之和谐

对于任何一派变易哲学，都面临一重大问题，即如何解释世界静止之表相。前文已述，“度量”之恒定可以在理论上确保事物表相之稳定。但这不足以解释其具体的运行方式，何以生成世界静止之表相。为了阐明这一具体模式如何确保其工事之结果，赫拉克利特提出另一重要概念：对反力原则 (the law of opposite tension) 。菲洛 (Philo) 说赫拉克利特有一重大发现，即提出是力量之对称与紧张维持了和谐。在任意一时刻，赫拉克利特说，一切虽永恒变易，但物质的三种形态：火、水、土，却总是由两个对等的部分构成；这两个对等的部分总是被拉向相反的方向，正是这种对反力之紧张确保了和谐。简言之，赫拉克利特关于世界静止之表相的学说可总结如下：世界之表象看似静止，有一简单原因，用现代科学术语讲，即正动力 (action) 和反动力 (reaction) 相对等又相冲突。赫拉克利特发现，战争不仅存在于事物之间，也存在于事物内部：斗争无所不在，并产生出最美的和谐。他说：“和谐有赖于弓和弦之退反”。“箭离弦之际，是手反向之张力维持了弓的平衡；弦音之动听，同样是由于张力和反张力之平衡。这正是宇宙之奥秘”（坎贝尔，Campbell）。一位画家，赫拉克利特问道，不正是通过颜色的对比创造出和谐之美吗？音乐家不正是运用高音和低音达到和谐之效果吗？如果对反原则适用于艺术领域，为什么不可以推论，这是放诸天下皆准的最高律则呢？

相对律则

在对反力思想的基础上，赫拉克利特进而第一次提出著名的相对律则（Law of Relativism），这对后世的诡辩论[1]（Sophistic）影响颇深。龚伯兹（Commperz）曾说（Vol. I. P.71），赫拉克利特的相对律则预识了近代的极限（Polarity）概念。相对律则消除了事物种类的差异，代之以程度的差异。赫拉克利特说，昼与夜，生与死，善与恶之间，没有绝对的界限。故赫西奥德在《神谱》(*Theonogy*) 中的说法有误，谓白天是黑夜的孩子：他不明白"昼与夜为一"。赫拉克利特又说："生与死，少与老是同此一事"。他还大胆地宣扬："善恶是一"。这与后世尼采的超道德学说十分接近，因为尼采希望我们能双超善恶。赫拉克利特举出例子说明相对律则。言："海，最纯洁亦最不纯洁的水"。对鱼类为最纯洁，对人类为最不纯洁，由此可得出结论，海水自体没有绝对性。赫拉克利特又说，极端常是合并的，如我们所见"圆周上的始与终是共同的"。他进而说："我们涉

[1] 徐梵澄先生《玄理参同》一书译为"智论师"。

足又没有涉足于同一流水（由于相对律则，他不得不修正之前的永恒变易律则）；我们是又不是我们自己”。柏拉图正是受赫拉克利特反律法主义的启发，在《理想国》(*Republic*) 中提出一有趣的谜：“一个人（又没有人）看见（又没看见）一只鸟（又不是鸟）站在树枝上（又不是树枝），捡起一石块（又不是石块）打它。”

原则止于上帝吗？

如果问赫拉克利特的相对律则是否对上帝适用，他在两处给出了不同的答案。一处他认为相对律则适用于上帝：“那第一律则”，他说，“愿亦不愿被称以宙斯之名”。另一处他又认为相对律则止于上帝，但适用于人类：“对于上帝”，他说，“一切事物皆是公平的，善的，正义的，但人类却以一些为不公正，以另一些为公正”。赫拉克利特得出结论：“上帝同是昼与夜，战争与和平，盈与饥；他取各种形式，正如火，当其混杂不同香料时，便以每种香味得名”。简言之，赫拉克利特认为：“上帝依各人所愿而称名”。

违反矛盾律则

由赫拉克利特的相对学说，引出另一重要问题。若相对律则为真，则是对矛盾律则的公然否认，亚里斯多德首先发现了这一点，并将赫拉克利特和安那萨葛那斯(Anaxagoras)，普罗泰戈拉 (Protagoras)[1]一并称为矛盾律则的主要违反者。设若相对律则正确，真理同是一与多，善与恶：这就完全违背了矛盾律则，即 A 事物不能同时为 B 和非 B。然而策勒却反驳亚里斯多德的权威 (Vol. II. pp.36-37)，称赫拉克利特没有违反矛盾律则。“虽然赫拉克利特肯定”，策勒说，“相对反的性质能够共存于同一主体，但他并没说这相对反的性质是以同一方式存在于此一主体：换言之，肯定对反物存在于同一主体并不是肯定对反物的同一性。此一观点可由赫拉克利特举出的例子推演出，而无需作进一步说明，因为他关心的不是纯理论的逻辑，而是物理学”。本文作者认为，策勒忽视了一事实，赫拉克利特设定真理同时为多和一，即在同一时间。否则，柏拉图全无必要在《智者篇》中区分爱奥尼亚的缪斯和西西里的缪斯。柏拉图说，对赫拉克利特而言，真理同时为多和一；对恩佩朵克列斯而言，真理交替为多和一。如果柏拉图是正确的，坚持赫拉克利特和恩佩朵克列斯的区别，那么赫拉克利特确实相信真理是同一时间既为多又为一。这的确违反了矛盾律则。事实上，亚里斯多德指出赫拉克利特违反了矛盾律则，恰恰是为了引起我们的注意。由此可

---

❶ 普罗泰戈拉 (Protagoras) 公元前 5 世纪希腊哲学家，智者派的主要代表人物。

知，策勒为赫拉克利特的辩护并无根据。

策勒关于大焚毁理论之评述

若有一问题在解读赫拉克利特时引起的分歧最多，那便是赫拉克利特是否持一周期性大焚毁理论(εκπυρωσις)。于此，策勒和伯纳特 (Burnet) 可谓针锋相对，策勒认为赫拉克利特持宇宙大焚毁理论；伯纳特却认为，没有证据表明他曾提出该理论。策勒的论述概括如下：(1) 阿那克西曼德和阿那克西美尼在赫拉克利特之前已经持一大焚毁理论；(2) 柏拉图证实说赫拉克利特相信有一大焚毁；(3) 画廊派 (Stoics) 虽反对赫拉克利特的学说，但也认为赫拉克利特持大焚毁理论；(4) 赫拉克利特有文字描述大焚毁之结果，“火在其进程中将衡量和评定万物”——由此证明，他相信火引起了宇宙之焚毁；(5) 虽然大焚毁理论与赫拉克利特另一重要思想“永恒变易”相矛盾，可惜他自己并未发现，并把它保留在哲学体系里。

伯纳特关于大焚毁理论之评述

另一方面，伯纳特反驳说大焚毁理论不是由赫拉克利特提出的。伯纳特的论述概括如下：(1) 大焚毁理论使所有对反物协调一致，而变易律使所有对反物处于战争状态，两个观点前后矛盾；(2) 柏拉图在《智者篇》中谈到，赫拉克利特相信，一永恒是多，多永恒是一。这一点本身就让大焚毁理论不成立；(3) 最早清楚表明赫拉克利特对一笼统的大焚毁理论有所教言的是“画廊派”兴起之后；(4)“度量”理论，交易之隐喻，对荷马祈愿停止斗争的斥责，所有这一切都与大焚毁理论相违；(5) 最后，赫拉克利特正面肯定说，世界“不是任何神或人所创造的；它恒常已是，正是，且将是一永远活着的火”。此段前文已述。

大焚毁与变易不矛盾

然而，以本文作者之见，策勒和伯纳特都无端地将大焚毁与变易对立起来，认为承认大焚毁就否定了将来变易之可能性。其实，大焚毁与变易非但不矛盾，两者对于正确理解赫拉克利特的立场同等重要。赫拉克利特从未假设世界在一大焚毁之后便永远消亡；相反，他似乎认为在大焚毁之际，世界取“向上一路”，不是销归于空无，而是变回为一“火球”，因为“度量”必须守恒之故；当下一个周期来临，此“火球”便取“向下一路”，我们又重新获得世界。事实上，“向上”和“向下”之路暗示了赫拉克利特持周期性大焚毁论，这一点策勒和伯纳特都忽视了。故大焚毁并非策勒和伯纳特所臆测的那样与变易矛盾，相反，它是变易的必要条件。如果用赫拉克利特独有的方式来说，策勒和伯纳特正确又都不正确，错又都不错。在大焚毁之际，世界变回为一“火球”，其中蕴含了变易之潜能；在创造之际，此“火球”又一次生出世界。这就是时间的方式，赫拉克利特说，像一儿童弈棋，在海滩上作堡垒玩，只为了再推倒它们。对此，我们不妨用泰戈尔 (Sir Rabindranath Tagore) 的一首诗作喻，《海滨》——他说“孩子们将鹅卵石拾起又抛散”(《吉檀迦利》, 55 页)。

实用的智慧：心理学和伦理学

现在，我们必须转向另一重要问题——赫拉克利特伟大而实用的智慧。在赫拉克利特存世的残篇中，满是智慧的简言，若能牢记心中，定会受益。谈及科学研究，他说：“自然喜欢隐藏起来”；若生活在培根 (Bacon) 的时代，他肯定会补充说，自然之伟大在于隐藏事物；而人类之伟大在于寻出它们。谈及心灵，他说，心灵是无边无际的，“你不能寻到心灵的边际”。赫拉克利特是第一位肯定自我意识 (self-consciousness) 存在的哲学家。德尔斐神谕 (Delphic Oracle) 的教言非诳说，赫拉克利特告诉我们他如何“寻索自己”。他也是明确提倡理性主义的第一人，他说：“理为共通，然大多数人生活是好似每人有一自己所私有的智慧了”。又说，睡眠使每个人进入到各自的世界，但“醒着的人却拥有一个共同的世界”。这相当于说，宇宙之正义由“理智”出发才可能实现，但“识感”却让每人有各自的判断。在伦理方面，他提出：“心灵之化为潮湿是一种喜乐”。赫拉克利特极力斥责“饮酒”行为，他说：“哈迭斯 (Hades, 死神)和狄阿尼修斯 (Dionysus, 酒神)是同此一神”。因此，绝不能让心灵崇拜狄阿尼修斯，即让心灵化为潮湿；“干心灵为最明智最佳”。他强调世间正义之力量；他告诉我们：“正义将战胜谎言的伪造者，并成为他们的见证人”。他详述了“性格”的重要价值；他说：“我们的性格，我们的守护天使”——这句话肯定激发了弗莱彻 (Fletcher) 的创造性思维，当他说——

“我们的行为，我们的守护神，或善或恶，

我们的命运之影，与我们同行。”

对社会之见解

赫拉克利特的社会观也非常杰出：他具有典型的贵族倾向，将民众贬斥为——“多头的怪兽”。“愚蠢的人”，他说，“他们如聋子一般：他们即便在场也如同不在场一样”。又说：“多数人是恶，少数人是善”。“我以为一人胜于万人，倘若他是一流的”。他严厉斥责民主制度，但也承认一切人类法则中的神圣要素。与之前的诡辩派 (Sophistis) 不同，他认为一切人类之法都应当废除，因其皆为传统之法，应代之以自然之法。赫拉克利特认为，人类之法乃自然之法的一部分，因此也属神圣法则。“联邦是一切人类之法”，他说，“听从一个人的提议亦是法律”。但他反对希腊的一些社会习俗，如牺牲祭和偶像崇拜——希腊最重要的两项宗教仪式。对于牺牲祭神，他说：“人们徒劳于纯净化，是以牲血染于自己，有似我们用泥涂洗涤泥涂之足”。换言之，他认为以牲血祭神是徒劳于纯净化。最后，他还严厉斥责偶像崇拜，“有谁向一神像祷告的，是向一堵石墙喃喃作语”。

对古代哲学家之影响

前文已述赫拉克利特哲学思想的诸多方面，现在评估一下他对后世哲学家的影响。(1) 赫拉克利特最直接的影响，从时间上看也是最早的影响，是对普拉泰戈拉 (Protagras) 的。我们知道赫拉克利特宣扬一种相对主义，这直接为普拉泰戈拉提出“人是万物的尺度”(Homo Mensura) 奠定了基础。以柏拉图之权威，他曾在《泰阿泰德》(*Theaetetus*) 中说，普拉泰戈拉的学说必需回溯到赫拉克利特。(2) 同样，亚里斯多德认为，我们不可能很好地理解柏拉图的哲学思想，除非将其思想设定为赫拉克利特和苏格拉底学派之综合，换言之，除非我们设定柏拉图吸收了赫拉克利特的流动思想用于其表相世界，吸收了苏格拉底的永恒思想用于其理想世界。由此，赫拉克利特对柏拉图的影响不言而喻。(3) 赫拉克利特对画廊派的影响深远。如果说赫拉克利特哲学思想的相对性方面影响了“诡辩派”，那么其理性方面则影响了“画廊派”。赫拉克利特持一不可调和的决定论，他说“一切都由命运安排”（ἔστι γάρ εἰμαρμένα πάντως)[1]，后来被引入到画廊派体系；同样被引入的还有另一重要概念，他所强调的“理性”或者“逻各斯”(λόγος, logos)，这个词由他第一次在哲学史上提出。人类似乎还不知道逻各斯，他说，“但万物却依这个词而运行”。它融合了“必要性”和“理性”之思想，同时又是一种“正义”。这是赫拉克利特留给画廊派的一笔丰厚遗产。谈到赫拉克利特第一次从哲学意义上提出逻各斯一词，便可以展望其影响之深远。前文已述，画廊派直接借用了赫拉克利特的逻各斯学说，用以表示世界内在的理性。画廊派引入这一概念所作的唯一修改是：假设其为一种“原始的逻各斯”，进而可以生出“各种逻各斯”。世界的内在理性生出人的各种次级的内在理性。犹太哲学家菲洛 (Philo) 之后又从前辈赫拉克利特和画廊派处吸收了逻各斯这一术语，但他对逻各斯的

---

[1] 一切都由命运安排，参见 Charles H. Kahn 的 *The Art and Thought of Heraclitus*, Cambridge University Press1979, 第 157 页，英语译文为 “all things occur according to fate”, kath heimarmen ê n, 第 180 页。

理解不仅仅是一种内在的理性原则，更是一种“神圣的，动态的力量和自我启明的上帝”（参见词条“Logos” in En. Br. Ⅺth Edition）。最后，圣·约翰（St. John）又从菲洛那里借用这一概念，在他的《四福音书》（*Four Gospel*）中使用。他在引入此概念时有一更重要的修改，他将逻各斯完全个体化，让这一名词化为肉体，并且使逻各斯作为理性的一面从属于逻各斯作为福音的一面，由此使这一概念的两个方面出现了相互包含的关系。正如我们说出这个词，是用以表达我们的思想，天父（the Father）发出基督（Christ）这一伟大的称呼，也是为了表达他的思想。简而言之，这就是“逻各斯”的历史，但赫拉克利特是创造该词并在哲学领域使用它的第一人。(4) 此外，赫拉克利特对基督教还有另一方面的影响。这一点，据本文作者所知，目前还没有人发现。赫拉克利特有一表述很值得注意：“王国是属于儿童的”。这后来成为基督教最主要的教义之一，即他们所宣扬的人性思想：“你们若不回转，变成小孩子的样式，断不得进天国。”[1]

对现代哲学家之影响

对于现代社会，赫拉克利特的影响也同样深远。(1)

---

[1] *St. Matthew* XⅧ. 3

黑格尔深受赫拉克利特理论的影响。他曾明确表示，“变是”是逻辑判断需要考虑的第一范畴，而赫拉克利特是哲学领域第一个考虑到“变是”的重要哲学家。黑格尔正是受赫拉克利特的核心概念“变易”的启发，将其转化为“发展之理论”；同时，他还受赫拉克利特对反力之和谐思想的启发，将其转化为自己最喜欢的逻辑工具，即将正论与反论归入更高一级的综合。简言之，黑格尔最核心的方法论都得益于赫拉克利特。可以说，黑格尔是用对反律则构建出“辩证发展论”(development by contradiction) 的。(2) 此外，我们知道赫拉克利特对现代的反传统学派也影响颇深，如蒲鲁东 (Proudhon)[1] 和尼采。贡贝尔茨曾说 (Vol I. P.77)，具有革新精神的蒲鲁东，精神上最接近这位以弗所的哲人：他们的思维习惯和对矛盾的喜爱，使这两位哲人如出一辙。至于尼采，他不仅沿袭了赫拉克利特隐居山林的习惯，还借用了他整个的战争理论，并冠以“超道德学说”之名——“超出善与恶”——这一借用独创而乖张。(3) 当赫拉克利特的变易哲学在法国大学 (Collège de France) 的报告厅引起强烈的反响，赫拉克利特的教言似乎终于在沃土中扎下根来。无论是柏格森 (Bergson)，还是赫拉克利特，都认为安定性不过是一种表相。现实是永恒流

---

[1] 蒲鲁东，Proudhon Pierre Joseph, 1809-1865。

动的，我们几乎无从考虑“变是”，除非我们在内中放置一类似电影放映机的仪器；除非“我们对事物的电影放映特征在于我们适应事物的万花筒特征，这不是滥用某种比喻。”（《创造进化论》*Creative Evolution*, 323页）由此可知，柏格森在很大程度上受到赫拉克利特永恒流动思想的影响，但不同点在于，赫拉克利特所谓的流动是物理的，而柏格森所谓的流动是心理的。

总论

如果现在对赫拉克利特的整个哲学思想做一个总结，我们会惊讶地发现，他为哲学领域贡献了这许多新奇的思想。在科学领域，他第一个发现宇宙处于绝对的动态。他不仅肯定这一律则的绝对支配性，而且设想出“必然性”的核心是“公正”。他还第一个通过“水晶球”，隐晦地预见到现代科学最重要的两个概念，守恒性和两极性。在心理学领域，他是肯定人自我意识的第一人。在认识论领域，他第一个通过强调事物的“同一性”，而公然提出“绝对理性”。在道德领域，他嘲讽狄阿尼修斯和饮酒行为，简言之，反对心灵之潮湿化。在政治领域，他斥责民众，但却相信一切人类法律都同有一神圣的基础。赫拉克利特卓然而立，如同古代的卡莱尔 (Carlyle),“一个雄强、自相矛盾而孤独的伟人”，既是领军又是根源，代表着完全相反的两个学派：相对主义和理性主义，从此将哲学世界一分为二，直到今天。“若可以用他自己的方式迭出”，贡贝尔茨说，“赫拉克利特是又不是守恒律则的壁垒，他是又不是反传统的卫士”。赫拉克利特卓然而立于希腊哲学世界，如一颗最耀眼的星辰，在无人可及的高境品尝孤独。他从未开宗立派，却以一人之力深刻地影响着古代和现代哲学的进程。

附录二　希腊古典重温

一

近代东西方文化交流，颇有成绩。大势所趋，学术似乎是集体化与世界化。东西人士的才智没有优劣之殊，然若干专门研究，我们还是愧不如人，这是事实，然而这是正在过去的事实。

姑举一事为例：我们知道自有历史以后，人类存留了两部最伟大的史诗，在西方流传了三千年。欧洲近代语文多有译本，华文则无。这是一崇高亦又渊深的文化源泉，我们也忽略了，我们从何深透西洋学术思想的背景呢？通常我们钦重西方学术的发展，多只知道现在的成果，而起羡慕，很少注及其产生此果之由来。若稍究其由来，则不但是各各的历史，亦且其整个精神思想之背景宜加探讨。我们期望有一日精工出版一套希腊丛书，中收各种哲学文学等名著的译本。其第一二部当然是荷马这两大杰作《伊里亚特》和《奥德赛》了。

许多世界名著尚没有中文译本，也许将来渐渐会有译本出现的。希腊神话，早已有绍介；哲学，亦有过一些研究、著述。但至今希腊古典，没有在文化界得到适当的处理。因此没有得到正确的估价，加以应有的推重，大是憾事。现状还是学术风气不甚开通。我们约略知道巴勒斯坦这一文化源流，大有造于西方文化，玛修安诺德称之为“希伯来主义”，没有那，则西洋绝不能成就许多伟大事业，随处可以见到的。但我们时常忽略了这希腊文化主流，没有它，则西方世界绝不会存在，现代的一切工业、技术、商业、科学的西方世界绝不会存在。那么，其重要可想了。而且，甚至还有人假定——在推理上自然有应当容纳的假定——设若世纪初的罗马对基督教的反对更彻底，一切基督教信仰早已断根。则当时希腊文化渐渐陶镌了外邦，其斯多葛学说必支配了统治者，共和政体必已代替了罗马大帝国，奴隶制亦必早已废除。则欧洲在九世纪中必已进步到十九世纪的境况或更前了（此说见 Sir R. W. Livingstone 讲录）。其然，岂其然？

历史的发展未尝如此，基督教的兴起也不是偶然，有其必然之理，学人自可讨论。新旧之兴替随时代之推迁，那结果使人感觉苍茫得很。雅典哲人讲学的檐廊，早已化为尘土，雕花石柱头和柱础，以及出土的一些破缺大理石像，于今散在各处博物院里，竖琴歌声早消歇了，在哲学方面，至少到公元后四世纪，希腊人已完全退出世界剧场。不妨假定那整个文化起始自公元前一千年。譬之于一日，曙光微启，渐次黎明，哲人讲学时代，渐近于日丽中天，光明盛大不过三百多年。残阳之美见于新柏拉图学派之兴起，以后呢？渐渐沦入黑夜了。

这是西方文化的昨日，其光华发越，如何可为后世忽略，遽尔遗忘？我们是神明华胄，所处远在天之一方，未曾参加其文化工事。中国的蚕丝输入古罗马，有一位暴君赫里阿加巴鲁斯（卒于公元后 222 年）最初着一件丝织袍，起初是一两黄金换一两丝织品，后来输往渐多，价低了，做成了元老之流的华服。那只算是物质上的一点交易，不算怎样是文化接触，双方古典皆只有稀微的记录，彼此略有传闻，中间隔了文化较低的若干民族。造纸、雕版从中国输入，则是中世纪之事。事实上古希腊罗马人绝不知道我们，我们的祖先也不知道他们。穆天子之八骏西游纵使不是完全荒诞之故事，则所遇之“西王母”也许是中央亚细亚某部落的女王，绝未尝是游到欧洲何处。荷马史诗中记载 Tityus 尸横九亩，与春秋时叔孙得臣射杀的长狄，其大相同，但后者是历史，前者乃神话，时代相距亦远，其间难说有何关系。那么我们看西方，自然不及西方人看自己之亲切、深透，然正因为有距离，时间的和空间的，两个绝不可少之“缘”，使我们见物，又或可见其全。

在这里顺便说明一个普通问题：即古不可复。古，无由复，不能复，亦不应当复，人类须是生活在现在而望着将来。但刻刻进步或说转变，现在旋即成为过去，三时一贯，了无间歇。罗马人造扬鲁斯神像，一面正对过去，向后，一面正向未来，向前。我们不正望过去，则无由确立现在，因为将来不可知。不正望将来，则现在已成断灭更无由立。凡我们对古代文化的研究，原则是表之于此一象征。无论从东西方我们摄得其文化菁华，正有以供现代与将来的发展。夸张点说，我们是在创造将来，即算模仿过去。但谁也不能在现代创造过去。重生是新生，新生是旧的死掉了，文艺复兴即是重生，复兴是新者兴而旧的废掉了。例如十三、十四世纪后的意大利文艺复兴运动，现在回看是新起一创局，它未尝“复”出古代文化到什么地步。但它的光明，至少透过了它以前一千年。

时间与空间的距离如此悠远，未尝入于我们之所知。正是这，有待于求知，有待于我们加以研究和采择了。大概无论物质真理或精神真理，总不会有国家或民族或古今之分别。古代希腊的这一大宗学术文化是不是已经消灭了呢？没有，凡其中摄持了“真理”之处，至今保存了下来，依然鲜健，活泼，分明，因为真理是万古常新。

我们姑舍种种学术如高深哲理不论，只举两件极平常的事为例，通常为人所忽略了的，以为卑卑不足道，而实在古代是颇重要的，一，是素食。我国人从来不重素食，除了佛法中人吃斋。但这正是古希腊哲人所重的。从毕达哥拉斯起，便已主张素食，并且豆类亦所不食，禁止杀生；杀牲畜以祀神，正是所反对的了。此一说从那时代起（假定毕达哥拉斯卒于公元前 479 年），直到悌峨夫拉斯妥斯 (Theophrastus) ——公元三世纪时人，逍遥学派之一位后劲——仍然在提倡，与当时坡斐理乌斯 (Porphyrius) 诸哲人同，然则盛行了八百多年。（中国古代赵简子的道理是："杀马而食人，不亦仁乎？"可见纯以人为宇宙中心，但亦非滥杀牲畜，以供饕餮。）倘若所谓"素食主义"这事中间只是虚伪，没有真理或不是某些真理的表征呢，则经不起东西方人几千年的实验，早已废掉了。现代青年吃西菜只遇到肉食，若不略知古代，便会发生误解，以为西方从不吃素。另一事是重生转世之说，中国历史上有些零星的记述，"三生石"是唐人说荟中有过的，佛法中至今仍有许多人相信。这一说，在公元 553 年，君士坦丁堡第二次基督教大会公布"禁令"（亦译"毁灭律"），认为邪说，异端，其起源已不可考，最古亦可考到毕达哥拉斯，他历数他生前许多生世，某生为某人，早参加过特洛亚的战争，那是公元前 1184 年前的事了（距第一次奥林匹亚的竞赛还早 408 年）。可见此一说直至被基督教会禁止。至少在西方也流传了一千年。只是近代西人，方信人死后什么也没有。我们看历史，知道毕达哥拉斯实在是一位伟大的教主似的人物，虽然关于他的传说有许多不可信。我们所熟知的，只是他的一著名算学公式 $a^2+b^2=c^2$。特洛亚的战争，古史上也实有其事，虽然有些历史家持异说。以此两事为例，还有许多事后下可说，我们知道古代西方这一文化世界，多么优美，崇高，可爱，有其不可磨灭之由，再视基督教的十字架，要在希腊罗马的神坛之浓密薰香中建立起来，是经过多少奋斗，费过多少信士之心血了。

若干年前，偶尔读到美国林柏的一篇文字，林柏是第一次飞过大西洋的英雄，那是对时代有感言，其间说到倘求精神与思想之发展，当回溯希腊。（大意如此，原文是在某杂志发表的。）笔者当时未甚以为然，以为何不求之古中华或古印度？后来时复深思，乃愈觉林柏之言为然。那文化中之所涵藏，实在有丰多的实质的精神之美富，大足以启发当代，昭示后人。东方的眼光总是向内看，求之中国尚可内外交修，求之印度纯为内转。希腊的眼光不专向内看亦向外看，无论看到万物之本源为水，为火，为原子，总归有外向的智术的发展，造就了现代的文明。纵使于今科学化的世界有其缺点，我们绝不能谓科学的发达便应止于这可悲的二十世纪。大致这么向外做到极处，到某一点，内外可以合并，那时可希望超人道的大升华。在欧美这虽是回溯，仍是一贯承流；在我们则这好似外加；但我们从来善于采取他长，同化外物。总之，此后我们不继续接受西方文化则已，若仍有任何采纳，则回溯到希腊源头，是第一要义。这里，正可建造东西方文化之桥梁。

二

在知识上，“同一知”是最上最胜，但这境界非凡夫可易到。那么，不奢望“同一知”而期于“同情知”，不算太苛求了。严格分论，知与情为两物不诬，但到了某一境界情与知可以合一，然这境界还是太高，则作“推理知”，更没有不可以的了。作学术研究，最忌知为情所蔽，为情所蔽则眼光不能正确而有偏，然虽为推理，倘不寄以相当的同情，则仍难圆满、周遍。最平凡为“识感知”，最不可靠，又绝不可弃。总归，处理古典，多宜设身处地参会一下事理，而寄与以相当的同情，方可比较明白。换言之，态度要平恕。

姑且说一实有其事的笑话：古雅典人丁蒙，绰号“妄人”，有一幽静的花园，中有一大无花果树。偶尔有一轻生短见的人，黑夜里在那树上自缢死了。后来又发生同一事件，在那树上又有一自缢而死的人。不得已，他将那棵树伐掉了。但在伐倒之先，他跑到市场上大声宣布：他家的园子里那棵无花果树快要伐掉了，还有愿意自杀的人呢，要赶快去哪！

这真是人生的大讽刺，一贯的希腊悲剧精神。平情据理以推，不能说这人是疯子便完了。他不是故意和市民开玩笑，他是愤激，而这愤激出于对死者的悲悼之怀。他无可奈何，只在这嘲讽的形式中，直叫出人生之悲苦，使当时听者，哭不得笑不得。这也许是这一微小故事流传下来的原由。若徒然斥之为魔鬼似的讥讽，是疯话，那么，去正确了解又甚远了——虽然，此人也不免有推理之误。误在以过去之偶然为将来之必然，以非常为常，颇昧于亚里士多德之逻辑了。嘲骂群众固不应该，其罪过亦只是愤激而已。

通常讲“复古”的人也不免犯这种错误，即古人所谓“守株待兔”。事实上是我们于古代极难得明确的正见正解。不但论希腊古典，即于一般古人，我们总以为不及现代人高明。这是当然的，现代普通知识比古代进步，水准提高了，但以为古人不比我们聪明，对于若干自然现象还未能解释，对于精神事物充满了迷信，则颇错误了。无论我们的物质技术（不必然是科学）于今多么进步，人类踏上了月球，或如何可以建立太空站，我们的普通智慧并没有甚异于古人，倘若精神事物的知识古人是未开化呢，则我们所知的也不较多。尤其是，现代文明的生活极少余闲，古人生活余闲较多，有机会静观，默想，参照，领会。以为他们生活于一愚昧之大混沌里，便错误了。希腊古神坛当然是林林总总，许多事近于荒怪不可究诘。在这中间稍清出一点头绪来，或者，稍确定一些价值，乃这些文字的目的。但我们要除去这一成见。古人，无论东西方，纵不比我们现代人聪明，也绝不比现代人愚蠢。许多圣人、贤人、哲士、诗人、先知、辩士之流，足以证明是如此。

通常我们总以为原始民族许多野蛮风俗，存留在上古，佐证是于今地球上还有些榛狉未凿的地带。但是，我想，只从有史以前与有史以后划界，那差别大到可惊了。有史以前若干世纪我们不知，看威尔斯著《世界史纲》，那时间的比喻是很恰当的。平心论之，爱琴海这几个岛或半岛居民的部落建成的文化，其优秀实居上古欧亚非三洲各一部分领导地位。七贤之一的梭伦，或其前的雅典立法者达拉科，皆公元前七世纪人物，那种重法治和重人事的精神，从何处可寻出一点初民野蛮之痕迹？达拉科立法，懒惰之罪严惩，游惰之民甚至可处死刑，何尝不是有思想有卓识的政治家？姑定荷马生于公元前 907 年，那文学又岂能是低等文化之产品？同时或稍后的赫西阿德的诗才理思，又与荷马的有多少分别？将谓那些神话是原始信仰的遗余，野蛮民俗的表现，以其时代文化水准较量，似乎不确实了。

古代有迷信风俗不足以证明古人之未开化，亦如现代有迷信不足以证明现代之不文明。信鬼而好祀倒不是古希腊人，而是古代繁荣之罗马人。在罗马是山、林、果园、道路、河流，无不有神；人事则有吉神，凶神，睡神，梦神，并闲暇亦有神，沉默亦有神，而且偷盗诈伪亦有神可祀。可见这多神信仰，有多于古之希腊了。

这些事，有夫力德兰德 (Friedländer) 的罗马风俗史可稽，将来有人也易作研究，然则这些是野蛮民俗从上古的遗留呢，还是文化发展以后之产品？而且，是助成了文化的发展呢，抑是阻滞了文化发展？助成了在哪些方面？到什么地步？阻滞了又在哪些方面，到什么地步？皆当平心观察了。精神方面的事，若细加察看，绝不是通常想象的那么愚蠢。

虽然如此，说希腊神话中便没有愚蠢，由我们现代人的眼光看，一切皆是智慧，一切皆可满足我们的精神需要，一切皆可解决生命上的问题，则又大谬不然。这非但我们今人，即古希腊人自己，对他们传统的神坛，也不免要回过头去。宙斯是统治万有的天主，为了畏惧自己的统治权被推翻，便吞掉自己所生的婴孩，而藏过了的婴孩长大了呢，又向他的父亲报复了；天神被踢下天界，因为父亲宙斯用金锁链缚住他的母亲时，他要去解放她……

这些事，在柏拉图已大谓不然了，那中间的缺陷和弱点，使那么一位哲人不得不另作精神寻求，倘若不能从传统天神中得到满足，又从何处寻求呢？反求诸己而已矣——“认识你自己”，阿菲神坛的千古名言——如是，希腊的道德、宗教，已觉未能建立在古神坛上，然则开辟出一新神道观在“人”身上了，要穷人与心灵与肉体之中所有所无，人之自由和幸福等等。于是，希腊的人文主义开始了。

一转而至于哲学，希腊文化便开出了异常美丽的花，这是至今在东西方所钦羡的，毋庸深说了。有一事大致可以说，即无论他们哪一派哲学，最后总也归到精神，没有任何重要的一派不是有神论的。对于自然界作了许多推测，后世科学证明其或中或不中，但徒有物质而无精神，没有任何学派作此假定。同时一贯多神信仰的主流仍在蔓衍，流到罗马、小亚细亚、非洲，直到三位一体的基督教统治了西方。纵使如此，断断续续，许多信仰仍在民间流衍，废不掉，禁不绝，而又不可究诘，成了中世纪的神秘主义。那中间当然不止有古希腊的渊源，也还有巴勒斯坦、非洲、北欧本土的传授，但在基督教会的压迫之下，从来不公开，有特殊人物出现了，便不免焚身之祸，要被放在柴堆上烧死了。其间仍不免有些秘密会社存在，一鳞半爪，偶尔出现有一些象征。那支配社会动摇人心之力，在历史上发生过多少影响，有待考据了，冰山在水面漂浮，海水下面那一部分便很少推测到。人类也许有一部分天性是好秘密的，密教的势力从来比显教大，倘这话不错呢，或许那势力不小。

由学或思智所建立的人生观或宇宙观，哲智之士当然是比较可以满意，至少在高尚伦理之域中为然。而且，多少不明不白的事，何尝不一概包之于宗教以内。我们说，既无理性，又无组织，一皆出乎寻常知识范围以外，而又荒诞无稽，有什么可供研究的价值！但困难问题是，许多（不是一切）荒诞无稽之事，超出了寻常知识范围以外，我们便无从断定其有组织，无组织，或别一组织，或有别一理性，或无理性，或超理性，除了我们用了另一知识工具。而且，有时竟是向知识挑战，一村夫，一愚人，似乎已懂到多少知识分子所懂不到的事，他可有证明推翻许多科学根据。摩西领犹太民族出埃及，其时埃及的术士投杖在地便化为蛇，摩西作同样的事，投杖在地也可以化为蛇，这请谁研究过生物学或达尔文的进化论的学者去解释清楚？历史上这些记录保存下来了，可以牒出、搜集、分汇、编次，还在上面作推测，或许归纳出一两个通则，但理智上得不到一结论，我们便一概否定其真实性。

希腊哲学的发展未曾除去那多神信仰，那么一位无事不穷究的哲人如苏格拉底，劝弟子之事不听，便教他去取决于“神示”。我们现代输入了一大部唯物论，势欲推翻一切不但古之信仰亦并古之哲学，这在态度上至少是欠博大了，未能包括无遗以成就我们的学术之大。同时以治哲学思想的态度处理神话固然不合——这不是说其中没有高深哲理存在，有之，且甚多，但这不徒是思智之事，是信心之事。信心，便不能凭理智一概而论了；徒以看小说故事的态度处理之亦欠公允。史诗的内容不是不丰富，对要研究古地理的人，那些海岛，崖岸，河流，山谷，等等，还可有指寻；其文学技巧不是不高明，故事不是不美丽，然专于文学上述之，又往往忽略了其他方面。那些神话中的主角，这位或那位天神，我们未尝严肃思之，以为大抵是诗人想象的创作，供人歌咏，因而流传了。但从来未完全是那样；与其说这是诗人之想象，不如说见士之会真。信与不信，各从所是，总归那些神是古希腊的有血有肉的神，那些事，对他们也是亲亲切切的事，有如我们今兹研究一古庙宇的基址，或者一些柱头，我们只从审美眼光看，作艺术上的考古与历史研究，审辨作风之殊异及其源流变化之不同，我们容易忽略了那是古人严肃敬拜的殿坛，原建筑为神灵之所居，以降，以安，以妥，而赐福……不是专为美术而建筑的，虽未尝不讲究美，然那是第二义。后世呢，高岸为谷，深谷为陵，我们只好以其第二义为第一义着重了，其第一义我们不寻，也不安立。我们“买椟还珠”。我们取了古希腊的残砖断石，能补缀为完整建筑，正如古法式，考证可以精确不诬，但不是使人往其间礼神，而是作为博物院了。

这是十九世纪以后的知识主义的或主知论的结果；西欧十五世纪以后大举搜求希腊古典，知道了古之植物学、生物学、医药学等，算是一度复兴；十九世纪又再度复兴。达到的呢，至多是柏拉图的和各个学派的上帝了。有人以为奥林比亚诸神可与旧约第七书士师记或民长记里的耶和华相比。总归纵使令人相信独一上帝之教呢，亦无由否认其精神显示之多方，无由证明其对古人不是一一皆精神真实。

三

如果据历史推测，假定有史以后的希腊民族已很开化，文明，则这一部分古文化之传承，对今人实颇费解释。在现代看，天神可作许多荒唐事，后世认为罪恶的。而那些神又是所焚香礼敬的群神。设若我们说那民族的罪恶是普遍的，所以有这种文化之产品，则又近于厚诬古人了——民族而无伟大的道德理想与实行，必早已在地球上灭亡，历史上有过先例，绝未尝有任何文化遗留——古希腊人是头脑最清楚，举措也极正大的。其人文理想是“至善”，与中国儒家同。我们又更难假定其人比今人愚蠢。然则我们不妨虚衷观察一番了，深思是否神话中包含了若干真理，为我辈现代化了的脑经所未参透的呢？古之希腊文，凭现代人的才智研究，至多可明通一大半；顺此着想，那道德语言，是否全为后世所了解呢？而且，凡人智或人的心灵之所创造，总不免有其创造之动机、主旨，及目标所在，必不得已可说其用处所在，这些又是否我们已经了然呢？不然，则或许仍有其精神真实、伦理教义、心理作用、艺术象征、人生影响，皆有待于我们发现，研寻了。

在学术上，多闻阙疑的态度异常重要，那些记录中不是无理可寻，但不是一本据学理而衍成的书；许多我们不懂的，只好存而不论，即算为我们所懂到，却又有不应解释或不应那么解释的，因为原本往往是一活生生的事物，或者一落入我辈的解释便死了。倘若我们懂到，又明觉不至于将一橛活真理弄死，那么始可试行解释；然重在得到明确的主观。这里所说的主观，不是凭观者为主的主观，而是以对象为主的主观。譬如读《三百篇》，便当以《三百篇》的立场、见解，去了解《三百篇》，不是以《近思录》而读《三百篇》。推而至于估价、比较，以至于批评，所重亦复在此。即以后世道德眼光看希腊神话，姑假定我们已经了解，要作进一步的衡量了，我们为方便计不妨定出三个或四个境界，曰道德的，不道德的，两者相对；但还可假定第三境，本来说不上道德不道德，即非善亦非恶，俱非，或者即非非恶亦非非善，俱是，通常总是脱不了这四句推理之陈套。但还有一境界更重要者，即“超道德的”。四者它皆不是，它皆已超出，只好说是“超道德”。有许多原素落入前四者，但有不落入前四者而只合列入“超道德的”一汇，则眼光不但要远大，实在所从而观之的据点要换过位置了。

这里可以举一事例，证明神对人的教言，超出了常理以外。无论怎样这故事留传下来，其义不在与人为不善。

从前有一正直之人名格劳可斯，值时局不定，波斯人西征，小亚细亚一带情势动荡，某城有一富人，便将大批金钱托他保管，他住在斯巴达，是比较平静之区。

过了若干年，波斯军队退了，时局平定了，富人的儿子便往索回这笔存款。

这位正人当时未尝回答，要索款的人等待三个月，他好查明白这件事。

他想吞没那一批金钱，便往求“神示”，要许他发一誓，假说钱还掉了。“神示”是：这可以做的，这对他当前有好处；而且，发真誓与发假誓的人一样会死去，因为人总会死去的。但誓神遏可斯有一儿子，无名，他没有脚却善于追踪，他没有手却极会攫夺，随后便将毁灭他的整个家庭了。格劳可斯便求神饶恕他，他不要发假誓了。神示是：这他是试探了誓神，等于发过誓了。格劳可斯回到家里，将富人的存款尽数交还富人的儿子；可是他的一族人，没有传到三代，消灭到一人无存。

这是赫洛多妥斯记载下的史事——赫洛多妥斯在史学界中的地位，不异于荷马之于诗坛。公元前445年值他三十九岁，在奥林匹亚大会上诵读他的史著，听众一致赞仰，于是用九个文艺女神之名，分名他的九卷史书——我们看德耳菲的这一神示，实觉其意义深长，一个人可以不讲道德，不顾法律，背信忘义，而竟要誓于神，这在东方必谓之为“欺天”了。法律有略迹原情，神示是略迹诛心。论道德不拘其形迹，而从其发心动念上着手，问动机而不问功果，实是比较超上了。持世俗的赏罚善恶的观念而衡量人事，往往得不到正解，因为是昧于其渊源，看到的是表面现象，若更深一层着眼呢，所见往往不同多得了。

无疑，绝对伦理价值只可得之于超上一界，但相对伦理之价值应求之于其所资。这所资以显发宇宙间之至善者，仍是一无处不在的生命力。忽略了这，则如同槁木死灰，败种焦芽不植。（于今世界的祸机处处潜伏，一发则可成生命上的大毁灭，凡有识者皆知；若关心世道人心的人，第一事似乎应略略从保育民族的生机上着眼）。

古希腊哲人似乎首先注重了这个，古典中处处是弘扬活泼的生命力的表现；大力士是所崇拜的英雄，赫刺克勒斯（Hercules）做过十二大难事，皆要冒大危险，处之以机智、忍力、辛勤然后有成；而其中之第五事，是委屈这位意气盖世的英雄，去扫清一个牛栏的牛粪，是三千条牛被禁了若干年的牢栏。这英雄便凿通一条小河，将整个区域冲洗清洁了（也许后世罗马城市的卫生设备完善，大得启示于这类故事）。其对于青年的教育是着眼于身心的停匀发展的，看来整个也是“不僭不贼”“不骞不崩”的样子。恰恰是对生命力正当的培养。

风信子是百合花的一种，这在希腊诗人的想象上编出了一故事，说从前一位美丽的王子，甚为阿波罗，即美艺、医药、诗歌、音乐、辩才之神所爱，又为切斐乐斯西风之神所爱，但那王子不爱此西风之神。于是阿波罗负责教育他。切斐乐斯当阿波罗教他掷铁饼时，便将铁饼一吹击到少年头上，少年便头破而死。阿波罗甚悲哀，便将他的血，化为这么一种百合花，将他的身体安放在天上为星宿之一。

每年，斯巴达有三日之节，纪念这少年和阿波罗。第一日表示哀悼，男女少年发上皆无装饰，也不吃面包，只吃糖果。第二日乃开始唱歌，吹笛，弹竖琴，有盛装骑马的游行，作一些表演。第三日乃有盛大的比赛了，竞技、驱车赛等等，其时市民竞往郊外看运动，街巷为之一空；遍处是欢乐空气弥漫，奴隶也受到自由客待，种种牺牲、供品，堆上了阿波罗的祭坛——其始也哀而终也乐，古代许多节庆多如此。

少年名洽菁妥士，百合花即以此名。西风之神在造像上常是一温文少年，怀着许多花，与“春神”结婚很幸福，有时造像有双翼。这节庆里，只有对美少年的哀悼，没有怎样对他的责难；阿波罗也没有其他表示；也没有谁诉于宙斯要以过失杀人而定谳。说神话之荒怪这便是一例了，这中间有什么伦理教义？

如果这故事是意在禁戒，向体育场上的人物说明铁器等等的投掷要小心哪！有伤人的危险……此一说也，则又是以偶然为常然了。

这问题的重心在于青春生命力。哀悼青春生命力的摧折，欣羡青春生命力的柔美、鲜健、纯洁、天真，哲人创制了这一神话和节庆，正是使人的热情有所寄托，起一度大的激扬和净化，其间之仪式节奏如音乐舞蹈等，处处皆是生命力之奔流，同时是其约束，由是而可趋于圣洁，崇高。常常经过这种洗炼，导扬，整个民族生命可趋于向上一路了。在这种境界中，很可容易明白中国古代所谓喜怒哀乐之未发，谓之中，发而皆中节，谓之和的道理。其所得者也常是一中和。在希腊之数学上、音乐上，很早对于中和已有过研究。其发于人事者，正在这些地方，通常所谓文化之优美，也正在这些地方可见到了。

至若美少年的纪念，要点仍是在生命力上。我们无妨将形躯之美，与生命力的动态之美即其原有之光辉分为两事；后者通常我们称之为“标格”“姿致”“风裁”“风神”。这不论是少年、中年、老年皆有，只要生命仍存便有。假定有洽菁妥士是形表风神俱为美好，这中间便有极大的亲和性与违拒性。他喜欢阿波罗，不喜欢切斐乐斯，及阿波罗喜欢他，这里皆没有思想上的志同道合的问题，也不是异性之相爱而落入造化之另一机巧，更无由说人神之间有何同性之爱，这中间几乎无道理可讲；三者皆受同一力量之支配而或自知或不自知。在希腊神话中人神的界别极微，时常在同一水平，天神也不是个个皆不死，所以亦复无由说格位不同而少年凡人可随意为天神所杀的问题。是这生命力三者同具者间之亲和，违拒，造成了这场不幸。亲和，差可说为生命力的震动之同调，或其旋律或韵律或格度之同符，以及相交换或取与之均等，违拒则是与这相反。亲和则有其快乐、发扬、创造；违拒则有其痛苦、压迫、毁灭。这几乎可说是生命力上之原始律则，三者皆未能脱出。

这中间没有“偶然”，常识以为这是一偶然的机会，掷铁饼而误伤；假制成这故事的诗人，不是没有我们所有的常识，但他不承认“偶然”，在无可解释之处寻出了一套解释方成其为哲学，或者那不成其为哲学而只是文学或者旁的什么，总归一样，有那么一套说法。虽然，这生命力之说是一真理，解释可比较圆满。从这中间可得到什么教训，那是另一伦理价值问题，又可以用四句义去问，道德的？非道德的？……总之，这中间藏了一部未写出的极大的人类历史，它支配了大部分人与人间之关系，文字记录的历史，比较起来，也许只算是它的残篇断简了。

这里不是说徒是生命力便决定了历史，因为人不徒然是一有生命物而已，他还有较重要的思想，还有最重要的心灵。决定历史有若干重要因素，这不过是一个因素罢了，通常男女间之相爱，这生命力之交互，也组成了一部分。这不是怎样玄秘的事，然而人间之一切悲剧喜剧皆由之出演。——诚然，倘没有生命力便不会有任何成就。然生命力过于奔放，在人生必然造出许多过失，于己于人之损伤在所不免。而神话传说天神界亦已有多少荒谬丑怪之事了，通常人之不幸而为恶或犯罪，尚不到那种程度，这对于其人便是一极大的精神治疗。以神话之流传而“无道”已视为非非常，在天神界已有之，似乎已将其半神化了，则在后世基督教化中所视为“跌倒了”的人，极容易重新立起，减少了内咎而恢复其精神上的健康，继续其人生之正当奋斗。姑舍希腊神话中深邃的涵义不论，至少在这一点上已可见其原旨仍在于“善生”。天神已与人类同群；建立在一异常宽容博大的精神中，其道德已是“超道德”而仍是人间的道德。

四

“神示”希腊文作 Manteion Chresteion，即拉丁文之 Oraculum，原义是“祷告”，柏拉图曾经讨论过 (*Phaedrus*, p.244) 。并按其形式分为清静的与热狂的两类。前者是卜人 (Mantis) 依其固定的一些原则，解释神所示的征兆。后者是有代神传语之中介人，在一种精神异态中说话，因而指示某些事物的休咎。语亦多不可晓，性质属预言，或中或不中。这种风俗大概在各个民族皆有，但希腊的似乎是埃及传来。

希腊最古的神示，先于德耳菲的，是在多东那城 (Dodona)，那里有一小山名特玛奴斯 (Tmarus)，有著名的宙斯庙——倘若古代各地皆有过洪水之患呢，则这里是第三趟洪水后建造起城与庙，史家大致推定在公元前 1503 年 (Deucalion 统治时代)。

多东那附近有一橡树林，林中有一清冷泉水。传说这泉水在夜半则盛满，渐渐退减。至日午时全涸。而其水亦异，能燃起火炬，用未燃之炬点水则燃——这皆不足奇；但其起源，据赫洛多妥斯之说，是有两只鸽子，从埃及帖贝斯 (Thebes) 飞出，一个止于里毗亚沙漠之宙斯庙，一个止于多东那的林中，遂作人言，说宙斯已使此处变为神圣之地，将在此说预言。传“神示”的，古时是男祭司，是去听泉水的流声，将其所听到的说出给问者。另说是听风吹动橡树枝叶时所发之声。时代似乎在后一点，则在林中立一铜像，像手中执一杖，杖为风吹动，则打击一铜壶。铜壶又有多个，一联悬挂于空，一壶被击动，则其余的壶皆动，于是发声。只有祭司可听懂这“壶语”，翻译出那意义，后世有四个女祭司专司其听。

五

总归不论是如同哲学家也好，是如同科学家也好，有一列“空空如也”之铜壶在说预言。但“鸽子”而从埃及飞出，只好像说出了一点点故事。事实是菲尼基人从埃及迎接出了两位女祭司，一位是定居在多东那了。古语 Peleiai 义为“鸽子”，又为“老妇”，因成其说。

该树林之橡木，偶作船材，此一段船材，又在海上发“神示”，那是五十桨的一艘战舰，名阿果 (Argo)；是做了舰头上的一横木。

德耳菲的神示，是怎么一回事呢？

相传是有牧人在帕那苏司山间牧羊，发现山石间有一深洞，从里面冒出一种气，羊闻到了那一股气，便兴奋跳跃，牧人往探，也触到那股气，便亦复如醉如狂，仿佛得有灵感，能说预言。这是所谓“神示”的起源。

这样得到灵感的人渐渐多了。于是居民在此立起阿波罗庙，因为神话中阿波罗是说预言的神。渐至有祭司专司其事。“神示”起初多是诗句，后来渐渐亦有散文语，有一时期是女祭司专司其事。

每年只有春间一个月可问神语。问事的善男信女，必定奉一笔香资。女祭司 (Pythia) 代神说话者一人，事先须斋戒沐浴，要在帕那苏司山下的泉水（名 Castalia) 中沐发，然后摇动一枝桂树，取其枝叶为冠，有时也要嚼树之叶，于是坐在一三足架上，架置于洞上，感受涌出之气。这么她渐有奇异表情了。双目发光，头发上竖，发出谵语，旁边五个助手记录其语。这么便说出所问之事的答案。

有时这一异常精神状态过一会儿便平复了，但也有过发狂至三四日而女祭司遂死的事。女祭司生活是圣洁的，但曾有某女子被少年男子暴力侵犯过，于是规定女子非年过五十不得任该职，起初止一人，后为二人，问神示时装束仍如少女——整个说来，正属于柏拉图所谓“狂热的”一汇了，如所问之事不吉祥，神亦竟无所示。

十九世纪末法国人在此地的考古发掘，阿波罗的祭坛见到了，但所谓地下出气的洞口，遍寻不见。似乎在古代早已堙废。

至今欧洲仍有一些“通灵会”或“降神会”等，也是有一“中介人”代替神说话。其事之渊源，可以追溯到这古世代。在古希腊人，确实信仰阿波罗在此山谷间显其神灵。

多东那的庙，交通不方便，神示的中心地点，因人事日繁，一转而至芙西斯 (Phocis) 。

这是一风景荒凉之区，由科林司海湾登陆约六英里，便有一小山地，北方山崖壁立，即帕那苏司山。山中有大石窟，传说可容纳三千人；波斯人入侵希腊时，这石洞作了居民避难所。东西两边皆小山岭，南为西菲士山。一道小河流贯东西，帕那苏司山石间的泉水，流入其中，这便是蒲莱斯妥司河。这里，便是古希腊的德耳菲神地了。岁远年堙，1860 年已有人在此地发掘，1891 年法国政府购买了这一片土地，次年修成了一条轻便铁道，于是大规模清除砖土，发掘出整个基地。东西两边的城墙，犹有可见。凡庙址、祭坛、半圆剧场，皆出土了，许多雕像，皆掘出保存于博物院里。至于今日所存者，皆四世纪时遗物，古代地震以前之旧基，犹有可见。

从雅典到这里，往返有 107 英里。雅典曾有一善走者，一日走了一来回。

这里最古的阿波罗庙，是托洛封尼斯兄弟所建；但在祀阿波罗以前，这里已经有对于“土地”或“地母”(Ge 或 Gaia) 奉祀，其时已有“神示”了。托洛封尼斯与阿加昧迭斯两兄弟修好了庙，便求神有所恩赐，结果是女祭司告诉他俩高高兴兴过八天，第九日可以领赏赐，而八日之后两人皆安卧不醒了，这是史事。那建筑在公元前 548 年毁于火，后来雅典的一个贵族家庭，捐出三百塔冷通银子重修的。重修后庄严华贵，有胜于前。

我们不难想象，在这么一个幽静的山谷间，创出了一异常神灵，明智，仁爱，修洁，平和，优美的精神氛围。希腊各邦从来未尝统一过，而由这一崇拜，在民族中无形造成了一种团结，奠定了古代文化之基。我们研究西洋文化，着眼应该是这些处所了。这一地点支配过多少人事，发生过多少政治作用，简直无法估计了；希腊有史以后，不是神权社会，祭司也未尝成为特殊一阶级；后代偶尔有过攻讦祭司受贿赂的案件，但没有任何记录说祭司成为一阶级而腐化了。但这里是全希腊人之精神皈依处，因此也是财富奉献处，阿波罗的庙产，随时代增集起来；著名的雕像安置其中，绘画也悬于其中，甚至著名的妓女画像也挂在里面，与名流的画像同列，金银之宝藏自不必说。

为了这一庙宇，有过十年的战争。后下当述。总归金银珍宝太多，外族人起心劫夺了，有两次似为偶然，又或是有其他缘故。一次是公元前 480 年，波斯人来劫庙了，忽然雷电交作，天地晦冥，兼之以地震，并且有大石飞动，打击劫者。另一次是约两百年后，公元前 279 年，高卢人入侵而劫掠庙财，其事正同，亦空无所得，仓惶逃散。

财富操在任何人手里，从来必要有保存财富的力量，不然，“盗思夺之矣”，譬如西那恪斯（Syracus）的暴君狄阿尼和斯一世（Dionysius I，卒于公元前 368 年），取去神像上的黄金袍，还说：“撒吞之子的这件袍呢，夏天太热，冬天又太寒！”他取去给换上一件羊毛衣——真是“君子疾夫舍曰欲之而必为之辞”！德耳菲的祭司，有资财，无武力。苏拉（L. Cornelius Sulla）便取之犒赏士兵，事在公元前 86 年。尼罗（Nero）又取去铜像五百尊，事在公元 66 年。后君士坦丁大帝取去了庙中的珍贵装饰，去妆点他的新都，传说三足椅，并其座子，为希腊诸城联合贡献品，雕刻作长蛇纠结之形，一皆移置于君士坦丁堡。后至攸里安鲁斯（Julianus，卒于公元 363 年）派人（Oribasus）去修复庙宇，这时“神示”颇哀悼过去光荣之已逝，于将来无所昭示了，可以说一庙堂之微，竟与希腊文化同其兴替，阿波罗有其光耀辉赫的时代，亦可随人事而寂寂无闻。

六

这一场十年战争，原因有很多，但名义上是为了阿波罗庙而起。

马其顿王腓力浦斯一世（卒于公元前 336 年），是雄才大略的一位英雄。在位凡二十又四年。其时希腊最高统治权操于“联邦会议”（Amphictyons），当时会议却为帖班人（Thebae）的势力所左右，而帖班人与芙西斯人是积不相能。腓力浦斯的策略是纵横捭阖于诸邦域之间，弄到各不自安，而且嫉视邻土，起扩大版图并吞诸国之志。

事情的起因很微细，联邦会议谴责芙西斯人侵耕，所耕不过一小方地，属于德耳菲的神产。命令是将那已耕之地荒废，还要罚出一笔巨款赎愆。问题遂起于定界；其次是芙西斯不服此罚，又无力出此罚金，及联邦会议要强制执行……种种争执。这时芙西斯人中出了一位领袖，名菲勒蔑路斯 (Philomelus)，用了他的辩才鼓动了民众，并倾出了家财，遂决定要用武力对抗武力压迫。于是进据德耳菲的神庙，发出积年的富藏招兵。军队既编定，扼守要隘，以一邦而与诸邦抗。两年之间，帖班人，洛克里斯 (Locris) 人，与芙西斯人时有小接触，但战争没有多大进退；凡战时执得了芙西斯人，便处以极刑，加以扰乱神地、破坏庙宇等罪，而芙西斯人执得了对方的兵士，亦复处以极刑，以为报复。可是菲勒蔑路斯不久逝世，战败下来；这时他的兄弟翁诺马霍斯 (Onomarchus) 出而代将了。翁诺马霍斯亦复勇敢，且善能应变，颇有将才。他运用交涉方法使诸邦同情此举，便严守中立，帖萨尼亚人 (Thessalia) 更出兵援助他，使参加帖班人一方的腓力浦斯，也不得不败退。

可是在玛格涅西亚 (Magnesia) 附近一战，芙西斯人大败了。原来腓力浦斯既败。遂激励士卒，给他们戴上月桂冠，说这是为德耳菲之战争，为天神之战争，使其勇气百倍。此一役是六千芙西斯兵阵亡，三千人被掳，翁诺马霍斯在战中被杀，将他的尸首觅得，仍用绞架吊起，示惩处罪。阵亡之士兵皆不葬，举而投之于海。

这一场大败却未曾完全毁灭芙西斯人，菲勒蔑路斯还有一兄弟名法伊路斯 (Phayllus)，仍能收合残兵，出而报仇。他将士兵之饷增加一倍，又从雅典、阿霞伊亚等地新募得九千余人。可是最后德耳菲的金钱渐竭了，各个部队首领间又不和睦，及至腓力浦斯的兵渡特木庇列 (Thermopylae) 海峡之后，芙西斯人转而听他的诱降，放下武器不作战了，待他将他们的道理在联邦会议中伸直。腓力浦斯也称替他们尽过一点力。但这时会议的力量是帖班人、洛克里人以及帖萨尼亚人所操纵，一致通过拒绝芙西斯人遣派代表参加联邦会议。这时芙西斯人经济力已竭，士气已颓，于是乎局势更无从挽救了。

这以后便是议款了；凡人民之军器马匹皆当出卖，以钱归阿波罗庙。每年得付款一万塔冷通，以恢复庙宇战前情况。凡芙西斯的城市皆得解散，化为小村落，每村不得多过六十家。村与村之间还要有距离，约合半华里。凡其人民曾享之权利皆当褫夺，奉于马其顿王腓力浦斯。执行这些条件的是马其顿兵。于是芙西斯土地荒凉了。人民更无从抵抗。自其始举兵至此（公元前 348 年），不过十年，其国遂墟。

据简单的叙述是如此。这里用得着“论曰”或“外史氏曰”了。历史上之战争无数，很少有道理可讲。同时代约当中国之战国；但春秋战国，未尝为神道而战，皆是为王族而战，争霸权而战，也从来没有要毁灭一邻国之人民如此彻底。愈到后代，以至近世，战争乃成为大歼灭了。我们自始至终看这一段历史，知道芙西斯人纯粹是反对压迫而起兵。激于义愤，保全本土，因而倾其神庙之财。而此财是各地人民疾苦患难中积年之奉献，人人休戚相关，庙从来被视为神圣之地。因此负了盗贼之名，而使对方有“保教”（护神）等借口，以宗教热情激动公愤而兴诸国之师。这与后世之十字军之兴起的（异乎内在的或秘密的）原因不异。其所恃之资源一竭则兵必败。但希腊史上芙西斯人始终以英勇著称，后来在雅典人的庇护下，渐渐恢复了势力。

七

罗多斯是地中海的一岛 (Rhodus)，周围约百二十英里，位置在迦帕透斯 (Carpathus) 岛之海上，在迦利亚 (Caria) 之南。首邑为罗迭斯 (Rhodes) ——希腊文中是一玫瑰花，岛上多玫瑰故，可意译为“玫瑰岛”。原来是商业国，其所订海洋法，从古有名，被采入罗马法中，从之又为近代欧洲海洋法所据。但最著名的，是岛上一阿波罗的铜像，为古代世界七奇之一。

这铜像跨在两道石堤上，船从它两足间过，它有105尺高，是各部皆合比例的。始铸于公元前300年。艺术家为霞列士 (Chares)，工程期间十二年，不幸在公元前224年时，遭遇地震，铜像一部分震坏了。原来到像顶有一旋梯，像颈上挂有望镜，风日晴和，可以远望叙利亚海岸，及埃及海上之船。

像在破敝状态中又立了894年，岛人从各地收到若干宗捐款，要求修复此像。但捐款皆被岛人没入了私囊，并说德耳菲的神示，不许他们重修此像。在公元后672年，萨罗森 (Saracens) 回教徒占领了这岛期间，将其铜卖给了一犹太商人，价值估计约当36000英镑，用九百头骆驼载去了。

霞列士和他的助手拉叶士 (Laches)，皆是该岛上的人。皆出自林多斯城 (Lindus)，在该岛东南，是产生过大哲人的乡土 (Cleobulus) 。古代造小型像多用镕蜡法，但这种巨铸，我们想象或许是段片铸就合成；由此可推测古希腊工艺之高，及其时该地经济之繁富。但可欣赏而推重的非独在此，而是一岛民能有伟大事业之意识，发之于艺术家的想象，有此成就。其源，可说是由于巨大的心神和巨大的气魄。通常商业社会市民间，很少产生此种巨大高远之思，脱离了金钱的实利。土生土养农业社会的平民间，亦复很少产生此种理想，一尊铜像，饥不能食，寒不能衣，再高再大对他也没有用处。但是这类创造，表示了一时代人的精神，能趋于远大崇高，脱离了凡近鄙俗，而且使世世代代的人，能感发兴起，卓尔有立，趋于向上一途，可以说，无形中提高了人性。在这种创作，正可见到无用之大用，而且此无用之大用，大到无可形容。凡看到这简单叙述之人，必感觉该地后人之不肖，既不复旧观，又无所新建，必走在衰败的路上了。我们揣想原来建造，也许不仅是一二大心之士之要求，而是若干人精神上有些需要；固然是对阿波罗的崇拜，但从来求福佑免灾难等事，非必兴如此巨大的工程，况且阿波罗亦不是海神或商业之神。大致脱出了造像徼福的寻常宗教动机，从初是一种精神建树。

八

阿波罗的神示，古希腊世界中著名之地有六。德耳菲之外，要属叠洛斯。这是爱琴海中“圆周群岛”(Cyclades) 的中心，今称赛列斯岛。

神话传说：天上之主攸彼德夫人优乐，妒声是闻名的。攸彼德却另有多个爱侣，有位名那通纳 (Latona)，给优乐知道了，派出一条蟒蛇 (Python) 去迫害她。从天界追到地界，地神畏惧优乐，不敢容纳，使她无处藏身。这时那通纳怀了孕，攸彼德将她变形为一鹌鹑，飞到了爱琴海地带。海神 (Neptune) 看到这情况，起了慈悲心，用它的三角叉在一座浮岛上一顿，使岛停止了漂浮；原来这岛是在海上漂来漂去，有时沉在水下，有时出现水上，这便是叠洛斯 (Delos) 岛了，字义原为“出现”。鹌鹑停止下来，恢复了常形，倚在橄榄树旁，遂产生了阿波罗与狄安那兄妹——有说这神话是取自埃及神话，即 Orus——为其母伊西司 (Isis) 所救事。

很自然的海洋中的岛屿，时有变迁，珊瑚所成之岛可渐次出现，地震也可使岛在海上顿然不现或出现；海神的这一举措显出了伟大的仁慈与威力。也由此我们可以推测阿波罗兄妹或是历史上人物，生在叠洛斯岛。附近群岛及陆上之人，凡值纪念阿波罗的节庆，来集于此，而且，这里还有阿波罗的一祭坛，是羊角做成的，传说为阿波罗四岁时所造，羊角则是他妹妹在 Cynthus 山上猎得的许多野羊的角。此一祭坛亦是古代七奇之一，岛人视为异常圣洁，不许沾上牺牲品的血或任何涂洒。阿波罗在此庙中的形象为龙；每年发“神示”是在夏天，辞语从来明白而不幽奥，在这类语言中是少有的。

这一小岛，在波斯人侵入希腊之时，未遭劫掠，其时全希腊的庙宇很少幸免，传说是波斯人亦复敬仰此神。有一时期因保持该岛圣洁的缘故，不许有犬登其岸，不许有人死于该地，亦不许有婴孩生于该地。雅典人清除该土时，将一切葬于其中之死人掘出，运往邻近岛上安葬。其法令是凡有重病的人，或许无长久生世之望了，便应移往邻岛 (Rhane)，不许在该岛寿终。据 Thucydides 所记如此。由此，阿波罗在古希腊人的心目中何等神圣庄严，不难想象了。

此外，则有古之帕塔拉（今称 Patera)，在黎西亚 (Lycia) 的西柏士河 (Sirbes 亦称 Xanthus) 河口的东岸，该处有宽广的泊港，对阿波罗为神圣之地，有他的庙，亦发“神示”。在 Pausanias（希腊史著者，公元二世纪时人）时代，那庙中还保存了一铜盔，相传是开天辟地时金铁锻铸之神乌耳堪 (Vulcan) 手制的。其时人相信阿波罗每年有寒天六个月居于此庙，暑天六个月则居于德耳菲。

还有一处在忝聂朵斯 (Tenedos) ，爱琴海中一小岛，在托罗亚对面，希腊诈解托罗亚之围，退藏其兵于此岛。这里亦复有一阿波罗的神示。重要不下于叠洛斯岛，是伊翁尼亚 (Ionia) 的一城名克那鲁斯 (Clarus 或 Claros)，也以阿波罗的神示著名，这是一女子建置的。

这女子名曼妥，亦称达芙尼 (Maoto 或 Daphne)，是一位盲目先知 (Tiresias) 的女儿。她的故国帖贝斯 (Thebes) 城破了，希腊人虏了她。因为她可算是最珍贵的战利品了，便将她送往德耳菲神庙，当作贡献。曼妥便在庙里当女祭司，代神宣示。后来她到了克那鲁斯，在那里建立了阿波罗的神示。又与该地之主 (Rhadius) 结婚，生穆卜修士 (Mopsus)，后亦为大预言家。曼妥后来游到意大利，再结婚生俄克奴士 (Ocnus) 。后人在意大利立了一城市，用他母亲的名名之，日曼妥阿城。